Ein Panorama ländlicher Entwicklung
Ein Blick auf die Programme der ländlichen Entwicklung der Europäischen Union

A panorama of rural development
A look at the European Union's rural development programmes

Un panorama du développement rural
Un regard sur les programmes de développement rural de l'Union européenne

Ein Panorama ländlicher Entwicklung

Ein Blick auf die Programme der ländlichen Entwicklung der Europäischen Union

A panorama of rural development

A look at the European Union's rural development programmes

Un panorama du développement rural

Un regard sur les programmes de développement rural de l'Union européenne

Europäische Kommission ~ European Commission ~ Commission européenne

Zahlreiche weitere Informationen zur Europäischen Union sind verfügbar über Internet, Server Europa (http://europa.eu.int).
A great deal of additional information on the European Union is available on the Internet. It can be accessed through the Europa server (http://europa.eu.int).
De nombreuses autres informations sur l'Union européenne sont disponibles sur l'internet via le serveur Europa (http://europa.eu.int).

Bibliografische Daten befinden sich am Ende der Veröffentlichung.
Cataloguing data can be found at the end of this publication.
Une fiche bibliographique figure à la fin de l'ouvrage.

Luxembourg: Office des publications officielles des Communautés européennes, 2002

ISBN 92-894-3184-9

© Europäische Gemeinschaften, 2003
Nachdruck mit Quellenangabe gestattet.

© European Communities, 2003
Reproduction is authorised provided the source is acknowledged.

© Communautés européennes, 2003
Reproduction autorisée, moyennant mention de la source

Printed in Italy

GEDRUCKT AUF CHLORFREI GEBLEICHTEM PAPIER
PRINTED ON WHITE CHLORINE – FREE PAPER
IMPRIMÉ SUR PAPIER BLANCHI SANS CHLORE

Franz Fischler

Mitglied der Europäischen Kommission
zuständig für Landwirtschaft, ländliche Entwicklung
und Fischerei

Member of the European Commission
responsible for Agriculture, Rural Development
and Fisheries

Membre de la Commission européenne
chargé de l'agriculture, du développement rural
et de la pêche

José Manuel Silva Rodríguez

Der Generaldirektor für Landwirtschaft

Director-General for Agriculture

Directeur général de l'agriculture

Die Entwicklung des ländlichen Raums ist heute ein wesentlicher Bestandteil der EU-Agrarpolitik. Seit Anfang der 90er Jahre hat die EU die Fördermittel für Projekte, die darauf abzielen, die Lebensqualität im ländlichen Raum zu verbessern und den Bewohnern der ländlichen Regionen neue Chancen zu eröffnen, erheblich aufgestockt.

Der vorliegende Band soll einige Ergebnisse dieses zunehmenden Engagements veranschaulichen. Mit der Unterstützung unserer Freunde in den Landwirtschaftsministerien der 15 Mitgliedstaaten haben wir eine Auswahl von Fotos zusammengestellt. Sie zeigen Tätigkeiten und Projekte, die nach unserer Überzeugung besonders geeignet sind, die Dynamik und Lebendigkeit der ländlichen Räume in Europa nachhaltig zu sichern.

Rural development has become a crucial part of the European Union's agricultural policy. Since the early 1990s, the EU has increased its financial commitment to support projects aimed at improving the quality of the countryside and the prospects for people living in rural areas.

This book aims to show some of the results of that commitment. With the cooperation of our friends in the agricultural ministries of the 15 Member States, we have put together a selection of photographs illustrating the kind of activities and projects which, we believe, will ensure the continued vibrancy of rural life in Europe.

In it you will find beautiful landscapes, from fertile fields to rocky mountains, wild flowers and domestic animals, farm produce and tourist activities, the natural and historic

Le développement rural est devenu un volet essentiel de la politique agricole de l'Union européenne. Depuis le début des années 90, l'Union européenne a augmenté son engagement financier pour soutenir des projets destinés à améliorer la qualité du paysage rural ainsi que les perspectives offertes aux habitants des zones rurales.

Ce livre a pour objectif de présenter certains des résultats de cet engagement. Avec l'aide de nos amis des ministères de l'agriculture dans les quinze États membres, nous avons rassemblé une sélection de photographies illustrant le type d'activités et de projets qui, selon nous, garantiront un avenir dynamique à la vie rurale en Europe.

Vous y trouverez de beaux paysages, allant des champs fertiles aux montagnes rocheuses, des fleurs sauvages et des animaux domestiques,

Die Fotos zeigen wunderschöne Landschaften mit fruchtbaren Feldern und kargen Gebirgsformationen, Wildblumen und Haustiere, landwirtschaftliche Erzeugnisse und Fremdenverkehrsaktivitäten; kurz: das natürliche und kulturelle Erbe Europas als Ergebnis des Zusammenwirkens von Mensch und Natur. Die Fotos veranschaulichen, dass es uns ernst damit ist, die Umwelt zu schützen und nach neuen Wegen zu suchen, um den großen natürlichen Reichtum, den der ländliche Raum in Europa darstellt, nachhaltig zu nutzen.

Wir hoffen sehr, dass dieser Band Ihnen Freude bereitet. Die Bilder sollen Ihnen einen Eindruck von der breiten Palette von Entwicklungsprojekten für den ländlichen Raum vermitteln, die in der EU zurzeit verwirklicht werden.

heritage of our relationship with the land. Our concern for protecting the environment and developing new ways of working with the great natural wealth of the European countryside is reflected in these pages.

We very much hope that you will enjoy these photographs and the glimpse that they give of the wide range of rural development projects currently under way in the EU.

des produits de la ferme et des activités touristiques, l'héritage naturel et historique de nos relations avec la terre. Notre souci de protéger l'environnement et de développer de nouveaux modes d'approche de la grande richesse naturelle que sont les campagnes européennes est également reflété dans ces pages.

Nous espérons beaucoup que vous apprécierez ces photographies et l'aperçu qu'elles donnent sur le large éventail des projets de développement actuellement mis en œuvre dans l'UE.

Belgique ~ België
Belgien ~ Belgium

Belgique ~ België ~ Belgien ~ Belgium

Milieuvriendelijke sierteelt
In de sierteelt is het gebruik van meststoffen en bestrijdingsmiddelen niet gekoppeld aan voedselveiligheid. Daardoor zijn er in de sierteelt extra stimuli nodig om het gebruik ervan te reduceren. Siertelers die op hun bedrijf het gebruik van meststoffen en bestrijdingsmiddelen registreren en op een minimaal niveau brengen, kunnen hiervoor een subsidie krijgen.

Horticulture respectueuse de l'environnement
Dans le secteur de l'horticulture, l'utilisation d'engrais et de pesticides n'est pas liée à la sécurité alimentaire. Il en résulte que, dans ce secteur, des incitants supplémentaires sont nécessaires pour en réduire l'usage. Les horticulteurs qui enregistrent leur utilisation d'engrais et de pesticides dans leur exploitation et qui veulent la réduire au niveau minimal peuvent obtenir une subvention à cet effet.

Umweltfreundliche Zierpflanzenerzeugung
Bei der unweltfreundlichen Zierpflanzenerzeugung steht die Verwendung von Dünge- und Pflanzenschutzmitteln nicht in Verbindung mit der Lebensmittelsicherheit. Daher sind zusätzliche Anreize notwendig, um deren Verwendung zu reduzieren. Zierpflanzenerzeuger, die die Verwendung von Dünge- und Pflanzenschutzmitteln in ihrem Betrieb registrieren und auf ein Minimum reduzieren, können Zuschüsse erhalten.

Environmentally compatible ornamental crop production
In the ornamental plant sector, food safety is not a factor in the use of fertilisers and plant protection products. This means that extra incentives are needed to reduce their use. Ornamental plant producers may be eligible for a grant if they record their use of fertilisers and plant protection products and reduce it to a minimum.

Mechanische onkruidbestrijding
Ook in Vlaanderen is het gebruik van alternatieve onkruidbestrijding aan het stijgen. Landbouwers die hun teelten op mechanische wijze onkruidvrij houden, kunnen hiervoor een subsidie ontvangen. Aangezien maïs kan beschouwd worden als de belangrijkste teelt in Vlaanderen, zal een reductie in het gebruik van gewasbeschermingsmiddelen in deze teelt het sterkst waarneembaar zijn.

Lutte mécanique contre les mauvaises herbes
En Flandre également, l'utilisation de nouveaux moyens de lutte contre les mauvaises herbes se développe. Les agriculteurs qui luttent contre les mauvaises herbes avec des moyens mécaniques dans leurs cultures peuvent obtenir une subvention à cet effet. Comme le maïs peut être considéré comme la culture principale en Flandre, une réduction de l'usage des produits phytopharmaceutiques dans cette culture sera celle qui sera la plus perceptible.

Mechanische Unkrautbekämpfung
Auch in Flandern nimmt die alternative Unkrautbekämpfung zu. Landwirte, die ihre Kulturen auf mechanische Weise unkrautfrei halten, können Zuschüsse erhalten. Da Mais als die wichtigste Kultur Flanderns betrachet werden kann, wird sich eine reduzierte Verwendung von Pflanzenschutzmitteln vor allem in diesem Bereich bemerkbar machen.

Mechanical weed control
The use of alternative weed control methods is on the increase in Flanders. Farmers are eligible for a grant if they keep their crops weed-free by mechanical means. Since maize is considered the main crop in Flanders, a reduction in the use of plant protection products will be most obvious in that crop.

Genetische diversiteit

Door het streven naar hogere productie is de selectie in de veehouderij geëvolueerd naar een klein aantal rassen. De originele inheemse rassen dreigen hierdoor uit te sterven. Deze rassen zijn onontbeerlijk om hun cultuurhistorische waarde en om hun waarde aan genetisch potentieel. Landbouwers die met uitsterven bedreigde runder-, schapen- en geitenrassen houden, kunnen hiervoor een subsidie aanvragen.

Diversité génétique

Compte tenu de la volonté d'augmenter la production, la sélection des élevages va dans le sens d'un plus petit nombre de races. Les races originaires du pays risquent donc de s'éteindre. Ces races sont indispensables en raison de leur valeur patrimoniale et de leur intérêt génétique. Les agriculteurs qui élèvent des races de bovins, d'ovins ou de caprins menacées d'extinction peuvent demander une subvention à cet effet.

Genetische Vielfalt

Durch das Streben nach einer umfangreicheren Produktion beschränkt sich die Tierzucht heute immer mehr auf eine kleine Anzahl von Rassen. Die ursprünglich einheimischen Rassen drohen dadurch auszusterben. Diese Rassen sind aufgrund ihres kulturhistorischen Werts und ihres genetischen Potenzials von großer Bedeutung. Landwirte, die vom Aussterben bedrohte Rinder-, Schaf- oder Ziegenrassen halten, können dafür Zuschüsse beantragen.

Genetic diversity

In its pursuit of a higher production rate, selection in animal breeding has developed towards a small number of breeds. The original native breeds are threatened with extinction as a result. These breeds are essential as an agricultural history asset and for their genetic potential. Farmers who keep cattle, sheep and goat breeds under threat of extinction are eligible for a grant.

Belgique ~ België ~ Belgien ~ Belgium

Belgique ~ België ~ Belgien ~ Belgium

Diversification, pluriactivité, produits de qualité
Portés par une demande croissante de produits de qualité, les agriculteurs s'engagent de plus en plus dans la voie de la commercialisation en direct à la ferme. Cette démarche s'inscrit dans celles qui sont retenues par les pouvoirs publics en termes de pluriactivité et de diversification, deux nécessités qui participent aujourd'hui, dans bien des cas, au maintien des exploitations agricoles pour ce qu'elles ont de structurant dans le développement durable des zones rurales.

Diversificatie, pluriactiviteit, kwaliteitsproducten
In antwoord op de groeiende vraag naar kwaliteitsproducten richten de boeren zich meer en meer op de rechtstreekse verkoop op het bedrijf. Deze aanpak strookt met het streven van de overheid naar pluriactiviteit en diversificatie, twee aspecten die nu, in veel gevallen, in belangrijke mate bijdragen tot het behoud van de structurerende functie van de landbouwbedrijven bij de duurzame plattelandsontwikkeling.

Berufliche Diversifizierung und Mehrfachtätigkeit von Landwirten sowie Qualitätsprodukte

Aufgrund einer stetig wachsenden Verbrauchernachfrage nach Qualitätsprodukten gehen immer mehr Landwirte auch zum Direktverkauf ihrer Erzeugnisse ab Hof über. Diese Vermarktungsform wird seitens der Behörden als berufliche Diversifizierung und Mehrfachtätigkeit von Landwirten gefördert, und diese beiden unverzichtbaren Aspekte tragen heutzutage in vielen Fällen dazu bei, dass landwirtschaftliche Betriebe wirtschaftlich überleben und weiterhin ihre Rolle als Strukturelement bei der nachhaltigen Entwicklung des ländlichen Raums wahrnehmen können.

Diversification, multiactivity and quality products

In response to growing demand for quality products, farmers are turning increasingly to selling direct from the farm. This approach is among those supported by the public authorities under the heading of multiactivity or diversification, two necessities which nowadays in many cases help agricultural holdings to survive and play their structuring role in the sustainable development of rural areas.

Belgique ~ België ~ Belgien ~ Belgium

Fermes pédagogiques: cercle d'enfants
En Région wallonne, une soixantaine de fermes proposent déjà des activités éducatives aux enfants durant les périodes scolaires. Ces fermes pédagogiques connaissent un franc succès auprès des écoles. Elles ont une fonction de premier ordre dans l'amélioration de l'image de l'agriculture et de la vie rurale. La Région wallonne soutient donc les efforts des agriculteurs qui aujourd'hui veulent se lancer dans une démarche didactique sans pour autant mettre fin à leur activité première.

Leren op de boerderij
In de Waalse regio worden tijdens het schooljaar al op zo'n zestig boerderijen educatieve activiteiten voor kinderen georganiseerd. Deze boerderijen zijn bij de scholen bijzonder populair. Zij spelen een zeer belangrijke rol voor de verbetering van het imago van de landbouw en van het plattelandsleven. Daarom steunt de Waalse regio de inspanningen van de boeren die bereid zijn zich voor educatieve activiteiten in te zetten zonder met hun hoofdactiviteit te stoppen.

Kinder beim Unterricht auf einem Lehrbauernhof
In der Region Wallonien gibt es bereits rund 60 landwirtschaftliche Betriebe, auf denen während der Schulperiode Unterrichtsveranstaltungen für Kinder durchgeführt werden. Diese Lehrbauernhöfe, die sich wachsender Beliebtheit bei den Schulen erfreuen, spielen eine äußerst wichtige Rolle, um der Allgemeinheit ein besseres Erscheinungsbild von der Landwirtschaft und den Lebensbedingungen im ländlichen Raum zu vermitteln. Die Region Wallonien unterstützt daher die Bemühungen von Landwirten, die einerseits als Lehrbauernhöfe fungieren, andererseits jedoch ihre landwirtschaftliche Primärtätigkeit nicht aufgeben wollen.

Children at a teaching farm
In the Walloon Region about 60 farms already offer educational activities for children during term time. These teaching farms are very popular with schools. They play a major role in improving the image of farming and country life. The Walloon Region therefore supports the efforts of farmers who wish to adopt this educational approach without, however, abandoning their main activity.

Belgique ~ België ~ Belgien ~ Belgium

Fraises
Afin d'aider au maintien des petites et moyennes exploitations partout en zone rurale, la Région wallonne encourage les agriculteurs à diversifier leurs activités et donc leurs sources de revenu. Ces productions, secondaires dans l'exploitation, trouvent généralement des débouchés ailleurs que dans les circuits traditionnels de commercialisation: à la portée des exploitants, la vente directe à la ferme ou le recours aux filières de production-transformation-commercialisation, bien implantées sur tout le territoire wallon, sont des possibilités qui, par elles-mêmes, ont aussi leur rôle dans le développement rural.

Aardbeien
Om de middelgrote en kleine bedrijven overal op het platteland te helpen overleven, stimuleert de Waalse regio de boeren om hun activiteiten, en dus hun bron van inkomsten, te diversifiëren. Deze producten, die niet tot de hoofdactiviteit van het bedrijf behoren, vinden doorgaans afzet buiten het traditionele circuit: de rechtstreekse verkoop op het bedrijf en de verkoop via de kanalen voor productie, verwerking en afzet die in de hele Waalse regio bestaan, zijn mogelijkheden die op zichzelf ook kunnen bijdragen tot de plattelandsontwikkeling.

Erdbeeranbau und -verkauf
Um das Weiterbestehen kleiner und mittelgroßer Agrarbetriebe überall im ländlichen Raum zu sichern, fördert die Region Wallonien die Diversifizierung der beruflichen Tätigkeiten von Landwirten und damit ihrer Einkommensquellen. Sekundärerzeugungen des landwirtschaftlichen Betriebs, wie im Bild gezeigt, finden ihren Absatz in der Regel außerhalb der traditionellen Vermarktungswege. Dem Direktverkauf ab Hof oder dem Absatz über die in der gesamten Region Wallonien gut funktionierenden Direktvermarktungsketten mit Erzeugung/Verarbeitung/Absatz kommt somit gleichfalls eine nicht unbedeutende Rolle bei der Entwicklung des ländlichen Raums zu.

Strawberries
In order to assist small- and medium-sized farms to survive throughout the countryside, the Walloon Region encourages farmers to diversify their activities and hence their sources of income. The produce obtained from secondary activities generally finds outlets outside the traditional marketing channels. Direct farm sales or sales through production/processing/marketing chains, which are well established throughout the Walloon Region, are possibilities which, in themselves, have a role to play in rural development.

Belgique ~ België ~ Belgien ~ Belgium

Danmark

Dänemark ~ Denmark ~ Danemark

Økologisk jordbrug
Biodiversitet ved økologisk jordbrug. Formålet med at give tilskud til økologisk jordbrug er at fremme produktionen af økologiske fødevarer, herunder at forbedre miljøet ved at anvende dyrkningsmetoder uden brug af pesticider.

Ökologische Landwirtschaft
Artenvielfalt durch ökologische Landwirtschaft. Mit Beihilfen für den ökologischen Landbau, der sich insbesondere durch umweltschonende Anbaumethoden ohne Pestizideinsatz auszeichnet, wird die Erzeugung ökologischer Lebensmittel gefördert.

Organic farming
Biodiversity in organic farming. Giving support to organic farming promotes the production of organic foodstuffs and protects the environment through farming methods that do not use pesticides..

Agriculture biologique
La biodiversité par l'agriculture biologique. L'octroi d'aides à l'agriculture biologique vise à promouvoir la production de denrées alimentaires biologiques et, notamment, à améliorer l'environnement en utilisant des techniques culturales n'utilisant pas de pesticides.

Danmark ~ Dänemark ~ Denmark ~ Danemark

Jordbruger på småøer
Danmark har mange småøer, hvor der drives jordbrug. Formålet med at give tilskud til jordbrugere på småøer er at sikre fortsat landbrugsvirksomhed og dermed arbejde på øerne.

Landwirtschaft auf kleinen Inseln
In Dänemark wird Landwirtschaft auch auf vielen kleinen Inseln betrieben. Mit Beihilfen für die Landwirte auf diesen kleinen Inseln werden hier der Fortbestand der landwirtschaftlichen Tätigkeit und somit Arbeitsplätze gesichert.

Farming on small islands
Denmark has many small islands, where farming is of great importance. Giving support to farmers on small islands safeguards agricultural activity and therefore jobs on the islands.

Agriculture sur les îlots
Le Danemark compte de nombreux îlots où se pratique l'agriculture. L'octroi d'aides aux agriculteurs des îlots vise à pérenniser l'activité agricole et donc le travail sur les îlots.

Investeringer på landbrugsbedrifter
Løsdriftsstald til malkekvæg. Formålet med at give tilskud til investeringer på landbrugsbedrifter er at øge hensynet til dyrevelfærd ved at forbedre staldforholdene for svin og kvæg.

Investitionen in landwirtschaftlichen Betrieben
Laufstallhaltung von Milchvieh. Mit Beihilfen für Investitionen in landwirtschaftlichen Betrieben wird der Tierschutz durch artgerechtere Haltungsbedingungen für Schweine und Rinder verbessert.

Investments in agricultural holdings
Loose barn for dairy cattle. Giving support to investments in agricultural holdings promotes animal welfare by improving housing conditions for pigs and cattle.

Investissements dans les exploitations agricoles
Stabulation libre pour vaches laitières. L'octroi d'aides en faveur d'investissements dans les exploitations agricoles vise à attirer davantage l'attention sur le bien-être des animaux en améliorant les conditions de stabulation des porcins et des bovins.

Miljøvenligt jordbrug
Særlig følsomt landbrugsområde. Formålet med at give tilskud til miljøvenligt jordbrug er at fremme en miljøvenlig jordbrugsproduktion i særligt følsomme landbrugsområder. Dette gøres ved at anvende miljøplanlægning i jordbrugsbedriften. Miljøplanlægning omfatter blandt andet at beskytte vandmiljøet ved reduktion af udvaskning af kvælstof og brug af pesticider.

Umweltschonende Landwirtschaft
Besonders umweltempfindliche Gebiete und ihre landwirtschaftliche Nutzung. Mit Beihilfen für eine umweltschonende Landwirtschaft werden umweltverträgliche Bewirtschaftungsweisen in besonders empfindlichen Gebieten gefördert und den Landwirten die von ihnen übernommenen Verpflichtungen zur Einhaltung von Umweltauflagen vergütet. Hierzu gehören u. a. der Gewässerschutz durch Vorbeugung gegen die Stickstoffauswaschung und durch Reduzierung des Pestizideinsatzes.

Environmentally sound agriculture
Specially sensitive agricultural areas. Giving support to environmentally sound agriculture promotes this type of production in specially sensitive agricultural areas through the application of environmental planning on farms. This includes protecting the aquatic environment by reducing nitrogen leaching and the use of pesticides.

Agriculture respectueuse de l'environnement
Zones agricoles particulièrement sensibles. L'octroi d'aides en faveur de l'agriculture respectueuse de l'environnement vise à promouvoir une production agricole écologique dans les zones agricoles particulièrement sensibles. À cet effet, il convient d'appliquer une approche environnementale de l'exploitation agricole. Il s'agit notamment de protéger le milieu aquatique en réduisant la lixiviation des nitrates et l'utilisation de pesticides.

Danmark ~ Dänemark ~ Denmark ~ Danemark

Læhegn
Lægivende beplantning omkring jordbrugsarealer. Formålet med at give tilskud til plantning af læhegn er, at læhegnet beskytter landbrugsjord mod vindens nedbrydende virkning på jordens overflade. Ligeledes mindsker læhegnet behovet for kunstig vanding på områder, der er truet af tørke, og øger og skaber dermed også gode levevilkår for planter og dyr.

Windschutzhecken
Hecken als Windschutz an Landwirtschaftsflächen. Mit Beihilfen für die Anpflanzung von Windschutzhecken wird für den Schutz der Anbauflächen gegen die windbedingte Bodenerosion gesorgt und die Notwendigkeit künstlicher Bewässerung in Gebieten mit zunehmend häufiger Dürre vermindert. Durch solche Hecken werden bessere Bedingungen für das Wachstum der Kulturen und auch für die Weidehaltung von Tieren geschaffen.

Shelterbelts
Shelterbelts on agricultural land. Giving support to the planting of shelterbelts helps protect farmland against soil erosion by the wind, reduces the need for artificial irrigation in areas threatened by drought and creates habitats for flora and fauna.

Haies brise-vent
Plantation de brise-vent autour des parcelles agricoles. L'octroi d'aides à la plantation de haies est justifié par le fait que les haies brise-vent protègent les terres agricoles contre l'effet négatif des vents soufflant à la surface du sol. De la même manière, les haies brise-vent réduisent les besoins en irrigation artificielle dans les zones menacées de sécheresse, et créent ainsi des conditions favorables à la vie des plantes et des animaux.

Danmark ~ Dänemark ~ Denmark ~ Danemark

Deutschland

Germany ~ Allemagne

Dorf in der Eifel (Rheinland-Pfalz)
Die Ausgleichszulage leistet einen wichtigen Beitrag zur Erhaltung der Kulturlandschaft und zur Sicherung einer standortangepassten Landbewirtschaftung in den von der Natur benachteiligten Gebieten. Diese umfassen in Deutschland etwa die Hälfte der landwirtschaftlich genutzten Fläche. Im Jahr 2001 wurden 156 380 Betriebe mit durchschnittlich rd. 2 000 EUR gefördert. Entsprechend der EAGFL-Verordnung (Europäischer Ausrichtungs- und Garantiefonds für die Landwirtschaft) wird in Deutschland die Ausgleichszulage u. a. auf die Grünlandnutzung konzentriert.

Village in the Eifel (Rhineland-Palatinate)
Compensatory allowances make a key contribution to preserving the farming landscape and to ensuring appropriate land management in areas with natural handicaps, which account for around half of the utilised agricultural area in Germany. In 2001, 156 380 farms received an average of about EUR 2 000 in support. Under the EAGGF (European Agricultural Guidance and Guarantee Fund) regulation, compensatory allowances in Germany are focused, *inter alia*, on grassland use.

Village dans la région de l'Eifel (Rhénanie-Palatinat)
Les indemnités compensatoires contribuent fortement à la sauvegarde des paysages de culture et à la garantie d'une bonne utilisation des sols dans les zones souffrant de handicaps naturels, qui représentent près de la moitié des surfaces agricoles utilisées en Allemagne. En 2001, 156 380 exploitations ont reçu des subventions d'environ 2 000 euros en moyenne. Conformément au règlement du FEOGA (Fonds européen d'orientation et de garantie agricole), les indemnités compensatoires en Allemagne concernent notamment l'utilisation des prairies.

Hof im Pfaffenwinkel (Bayern)
Die Gemeinde in einer idyllischen Voralpenlandschaft ist von jeher durch eine bäuerliche Landwirtschaft geprägt. Die herrliche Landschaft mit ihren darin eingebetteten typisch bayerischen Dörfern und eine intakte Dorfgemeinschaft, die ihre Tradition aus Überzeugung pflegt, machen die Attraktivität aus. Durch die Maßnahmen der ländlichen Entwicklung, wie z. B. die Dorferneuerung, wird auch der Fremdenverkehr gefördert.

Farm in Pfaffenwinkel (Bavaria)
Peasant farming has always been a characteristic feature of this rural community in an idyllic Alpine foothill landscape. Its attraction lies in its scenic landscape, dotted with typical Bavarian villages, and its intact village communities, committed to keeping their traditions alive. Rural development schemes such as village renewal also promote tourism.

Ferme dans la commune de Pfaffenwinkel (Bavière)
Située dans un paysage préalpin idyllique, cette commune est depuis toujours caractérisée par son agriculture traditionnelle. Le magnifique paysage, dans lequel s'intègrent parfaitement des villages bavarois typiques, et une communauté villageoise restée intacte, qui perpétue ses traditions par conviction, lui confèrent un caractère attrayant. Le tourisme est également favorisé par des mesures de développement rural, telles que la rénovation des villages.

Dorf in Thüringen

Die Dorferneuerung ist besonders geeignet, die Bürgerinnen und Bürger in ländlichen Regionen intensiv in den Entwicklungsprozess einzubeziehen. Die Dörfer sollen sich als eigenständige Wohn-, Arbeits-, Sozial- und Kulturräume im Siedlungsgefüge erhalten und weiterentwickeln. Der Einsatz von Fördermitteln ist in vielen Fällen eine wichtige Voraussetzung für die Sicherung und Schaffung von Arbeitsplätzen, für den Erhalt ortsbildprägender Gebäude und zur ländlichen Regionalentwicklung.

Village in Thuringia

Village renewal is particularly conducive to involving the rural population closely in the development process. Villages need to be maintained and developed as places in which to live, work and pursue social and cultural activities within a mixed settlement structure. Support funds are often a major prerequisite for safeguarding and creating jobs, preserving vernacular buildings, and regional rural development.

Village en Thuringe

La rénovation des villages se prête particulièrement bien à la participation intensive des habitant(e)s des régions rurales au processus de développement. Les villages doivent demeurer des espaces vitaux, professionnels, sociaux et culturels autonomes dans leur tissu social et poursuivre leur développement. Dans de nombreux cas, la sauvegarde et la création d'emplois, la conservation de bâtiments d'architecture locale typique et le développement régional rural sont conditionnés par l'octroi de subventions.

Deutschland ~ Germany ~ Allemagne

Frisches Obst aus der Region!
Die regionale Vermarktung von Lebensmitteln ist bei der Verarbeitung und Vermarktung durch kurze Transportwege vom Erzeuger zum Verbraucher gekennzeichnet und ermöglicht ein hohes Maß an Transparenz und Glaubwürdigkeit. Mit der Politik zur Förderung der ländlichen Räume sollen die Absatzmöglichkeiten regional erzeugter Ernährungsgüter verbessert werden. Allerdings ist eine Bündelung des Angebots und eine Zusammenarbeit der Landwirtschaft im Rahmen von Qualitätsprogrammen mit den nachgelagerten Betrieben notwendig. Dazu gehören die Förderung der Produktion, Verarbeitung und Vermarktung gesunder, regional erzeugter Lebensmittel und die Direktvermarktung von Fleisch und Wurstwaren.

Fresh local fruit!
The regional marketing and processing of foods means shorter transport routes from producer to consumer and allows a high degree of consumer confidence. Rural development policy is aimed at improving marketing opportunities for regionally produced foods. However, this requires a concentration of supply and cooperation between agricultural holdings and downstream enterprises in quality programmes. Support for the production, processing and marketing of healthy, regionally produced foods and the direct marketing of meat and sausages is part of that strategy.

Fruits frais de la région!
La commercialisation et la transformation régionales de produits alimentaires permettent de réduire les distances entre le producteur et le consommateur, gage d'une transparence et d'une authenticité élevées. La politique de soutien des espaces ruraux devrait permettre d'améliorer les possibilités de débouchés des produits alimentaires locaux. Cela requiert une concentration de l'offre et une coopération entre les exploitations agricoles et les entreprises situées en aval dans le cadre de programmes de qualité. Cette stratégie comporte l'aide à la production, la transformation et la commercialisation de produits alimentaires sains et locaux, ainsi que la commercialisation directe de viande et de charcuterie.

Deutschland ~ Germany ~ Allemagne

Wald
Mit der Förderung forstwirtschaftlicher Maßnahmen im Rahmen der ländlichen Entwicklung wird ein wichtiger Beitrag zur Erhaltung der vielfältigen Funktionen des Waldes geleistet. Die waldbaulichen Maßnahmen verbessern den ökonomischen und ökologischen Wert des Waldes. Besonders wichtig ist hier die Umstellung auf eine naturnahe Waldwirtschaft. So wird die Überführung von Reinbeständen in Mischbestände sowie der Umbau nicht standortgerechter Bestände gefördert, aber auch die Erstaufforstung sowie die Pflege von Jungbeständen.

Forests
Support for forestry measures as part of rural development makes a major contribution to preserving the many aspects of forestry. Forestry measures enhance the economic and ecological value of forests. Particularly important here is switching to ecologically sound forest management. Conversion from single-species to mixed stands and of inappropriate stands is supported, as are initial planting and the tending of young stands.

Forêt
Le soutien accordé aux mesures sylvicoles dans le cadre du développement rural contribue fortement au maintien des multiples fonctions des forêts. Ces mesures forestières augmentent leur valeur économique et écologique. La conversion en une exploitation forestière respectueuse de la nature est ici particulièrement importante. La transformation de peuplements homogènes en peuplements mixtes et celle de peuplements non indigènes sont subventionnées, tout comme le premier boisement et l'entretien des peuplements jeunes.

Feldrain im Odenwald (Hessen)
Die Agrarumweltmaßnahmen der Europäischen Union sind in hohem Maße dazu geeignet, den Nachhaltigkeitsgedanken der Agenda 21 (Konferenz von Rio) umzusetzen. Im Interesse des Schutzes der natürlichen Lebensgrundlagen werden vor allem Extensivierungsmaßnahmen, Feuchtwiesen-, Gewässerrandstreifen- oder Vertragsnaturschutzprogramme angeboten.

Field border in the Odenwald (Hesse)
The European Union's agri-environmental measures are well-suited to implementing Agenda 21's (UN Rio Declaration) sustainability principle. In the interest of preserving natural resources, the EU offers extensification, water meadow, watercourse edge and contractual nature conservation schemes.

Bordure d'un champ dans l'Odenwald (Hesse)
Les mesures agroenvironnementales de l'Union européenne permettent de répondre, dans une large mesure, aux conceptions en matière de durabilité inscrites dans l'Agenda 21 (déclaration de Rio). Dans l'optique de la protection des ressources naturelles, l'Union européenne propose essentiellement des mesures d'extensification et des programmes pour les régions marécageuses et les zones bordant des rivières ainsi que pour la protection contractuelle de la nature.

Dorf mit blühenden Rapsfeldern (Thüringen)
Um attraktive ländliche Räume mit hoher Lebensqualität zu erhalten, ist eine leistungsstarke Land- und Forstwirtschaft mit einer ausreichenden Infrastruktur notwendig. Die Aufgaben der Landwirtschaft gehen aber auch weit über die Erzeugung gesunder Lebensmittel und nachwachsender Rohstoffe hinaus. Bei einer nachhaltigen Produktionsweise werden die natürlichen Ressourcen Boden, Wasser und Luft geschützt, um auch nachfolgenden Generationen eine erfolgreiche Wirtschaftsweise zu ermöglichen. Darüber hinaus erfüllt die Landwirtschaft wichtige Funktionen bei der Erhaltung und Pflege der Kulturlandschaft sowie beim Natur- und Umweltschutz.

Village with flowering rape fields (Thuringia)
The conservation of attractive rural areas with a high quality of life requires efficient farming and forestry equipped with the proper infrastructure. Yet, the tasks performed by agriculture go far beyond the production of healthy foods and renewable raw materials. Sustainable production methods protect the natural resources of soil, water and air so that future generations can keep on farming successfully. Farming is also an important aspect of the conservation and upkeep of cultivated landscapes and of nature conservation and environmental protection.

Village au bord de champs de colza en fleur (Thuringe)
Pour conserver l'attrait des espaces ruraux offrant une qualité de vie élevée, il est nécessaire d'avoir une agriculture et une sylviculture performantes disposant d'infrastructures suffisamment développées. L'agriculture ne se contente toutefois pas de produire des produits alimentaires sains et des matières premières renouvelables: grâce à un mode de production durable, les ressources naturelles du sol, de l'eau et de l'air sont protégées afin que les générations suivantes puissent également continuer à pratiquer l'agriculture dans de bonnes conditions. Par ailleurs, l'agriculture remplit d'autres fonctions importantes telles que la sauvegarde et l'entretien des paysages de culture ainsi que la protection de la nature et de l'environnement.

Extensive Rinderhaltung (Niedersachsen)
Die Förderung der markt- und standortangepassten Landbewirtschaftung wurde in Deutschland verstärkt. Im Rahmen von Agrarumweltprogrammen der Länder werden u. a. der ökologische Landbau, Landschaftspflegemaßnahmen, Maßnahmen des Biotop- und Vertragsnaturschutzes, Maßnahmen zum Erhalt bedrohter Nutztierrassen, extensive Produktionsweisen auf Ackerland, Grünland oder in Dauerkulturen sowie die Umwandlung von Ackerflächen in extensiv zu nutzendes Grünland gefördert.

Extensive cattle farming (Lower Saxony)
The promotion of land management appropriate to the market and location has been stepped up in Germany. Under *Länder* agri-environmental schemes, support is provided for organic farming, landscape management, biotope conservation and contractual nature conservation, schemes to preserve endangered livestock breeds, extensive production methods on arable land, grassland or in perennial crops and the conversion of arable land to grassland for extensive use.

Élevage bovin extensif (Basse-Saxe)
En Allemagne, les subventions destinées à favoriser l'utilisation des sols en fonction des marchés et des conditions locales ont été augmentées. Dans le cadre de programmes agroenvironnementaux des *Länder*, une aide est notamment octroyée en faveur de l'agriculture biologique, des mesures de préservation des paysages et de protection contractuelle de la nature, des biotopes et des animaux menacés, des méthodes de production extensive sur les terres arables, les herbages ou dans les cultures permanentes et de la transformation de terres arables en prairies à usage extensif.

Venner Moor (Niedersachsen)
Auch die Förderung von Maßnahmen zum Schutz und zur Entwicklung von Mooren zur Schonung der Naturgüter gehört zu den Entwicklungsmaßnahmen des ländlichen Raums. Zur Sicherung der biologischen Vielfalt sind unentwässerte oder schwach entwässerte Moorbereiche im geringeren Umfang durch eine Pflege oder moorschonende Nutzung „offen" zu halten. Diesen ökologischen Anforderungen der Moore stehen die ökonomischen Erfordernisse der Landwirtschaft gegenüber. Moorschonende Nutzungsformen (Mutterkuhhaltung, Jungrinderaufzucht) bedürfen deshalb der direkten finanziellen Förderung durch entsprechende Förderprogramme.

Venner Moor bog (Lower Saxony)
Rural development measures also cover support for the conservation and development of bogland to preserve natural resources. To conserve biodiversity, undrained or, to a lesser extent, part-drained bog areas need to be kept 'open' through appropriate management or low-intensity use. These ecological requirements for bogland contrast with the commercial requirements of agriculture. Low-intensity types of use (suckler cow farming, young cattle) therefore need direct financial support through suitable programmes.

Marais Venner Moor (Basse-Saxe)
Le financement des mesures de protection et de développement des marais afin de sauvegarder les ressources naturelles fait également partie des mesures de développement de l'espace rural. Afin de protéger la diversité biologique, certaines zones marécageuses, non ou, dans une moindre mesure, faiblement asséchées, doivent être maintenues «ouvertes» par un entretien particulier ou une utilisation préservant le marécage. Les exigences écologiques des marécages s'opposent aux impératifs économiques de l'agriculture. Les méthodes écocompatibles d'utilisation des marécages (élevage de vaches allaitantes et de jeunes bovins) nécessitent par conséquent un soutien financier direct dans le cadre de programmes adéquats.

Ελλάδα

Griechenland ~ Greece ~ Grèce

Τόπος: Ζερίκι Νομού Βοιωτίας
Έργο: Ορεινό κατάλυμα

Ort: Zeriki, Nomos Böotien
Projekt: Berghütte

Place: Zekiri, Prefecture of Viotia
Project: Mountain shelter

Lieu: Zériki (département de Béotie)
Projet: Refuge de montagne

Ελλάδα ~ Griechenland ~ Greece ~ Grèce

Τόπος: Λιβαδειά Νομού Βοιωτίας
Έργο: Μονάδα παραγωγής τσίπουρου

Standort: Livadia, Verwaltungsbezirk Böotien
Projekt: Anlage zur Herstellung von Tsipuro (Tresterschnaps)

Location: Livadia, Prefecture of Viotia
Project: Raki production unit

Lieu: Livadia (département de Béotie)
Projet: Distillerie d'eau-de-vie de marc (tsipouro)

Ελλάδα ~ Griechenland ~ Greece ~ Grèce

34   Ελλάδα ~ Griechenland ~ Greece ~ Grèce

Τόπος: *Βελβεντός Κοζάνης*
Έργο: *Ίδρυση μονάδας παραγωγής σαλιγκαριών — Στην ευρύτερη περιοχή του Δήμου Βελβεντού και λόγω των ευνοϊκών κλιματολογικών συνθηκών που επικρατούν, ιδρύθηκε πρότυπη μονάδα αναπαραγωγής, εκτροφής και εμπορίας σαλιγκαριών. Η επένδυση περιλαμβάνει τη βελτίωση υπάρχοντος κτιρίου που θα χρησιμοποιηθεί ως αποθηκευτικός χώρος και χώρος γραφείων, καθώς και τη διαμόρφωση χώρου για τη δημιουργία toll — διαδρόμων που χρησιμοποιούνται ως χώρος πάχυνσης και εμπλουτισμού σαλιγκαριών.*

Ort: Velvendos — Kosani
Projekt: Bau einer Schneckenproduktionsanlage — Aufgrund der günstigen Klimaverhältnisse wurde in der Gemeinde Velvendo eine Pilotanlage für Schneckenzucht und -vermarktung errichtet. Das Investitionsprojekt umfasst die Modernisierung eines bestehenden Gebäudes, in dem ein Lager und Büroräume untergebracht werden sollen, sowie die Anlage von Gehegen für die Schneckenmast.

Place: Velvendos, Prefecture of Kozani
Project: Building a snail production unit — A pilot unit for the reproduction, rearing and marketing of snails has been set up in the municipality of Velvendo, because of the favourable weather conditions there. The investment has gone into improving existing buildings to be used for storage and offices, landscaping and paths to be used for fattening snails.

Lieu: Velvédos (département de Kozani)
Projet: Création d'une unité de production d'escargots — Sur le territoire de la commune de Velvédo a été installée, en raison des conditions climatiques favorables, une unité pilote de reproduction, d'élevage et de commercialisation d'escargots. L'investissement concerne l'amélioration d'un bâtiment existant, qui abritera un entrepôt et des bureaux, ainsi que l'aménagement de parcs d'engraissement.

36 Ελλάδα ~ Griechenland ~ Greece ~ Grèce

Τόπος: Πτολεμαΐδα Κοζάνης
Έργο: Θερμοκήπιο με τηλεθέρμανση — Μετά την εφαρμογή της τηλεθέρμανσης για οικιακή χρήση, επιχειρείται για πρώτη φορά η χρήση της και στον παραγωγικό τομέα με την ίδρυση μονάδας παραγωγής ανθοκομικών ειδών. Η επένδυση αφορά τη δημιουργία θερμοκηπίου καλλωπιστικών φυτών (τριανταφυλλιάς και γαριφαλιάς) με χρήση τηλεθέρμανσης. Περιλαμβάνει την κατασκευή του θερμοκηπίου και την αγορά του απαραίτητου μηχανολογικού και λοιπού εξοπλισμού, την κατασκευή κτιρίου αποθήκης και γραφείων και τη διαμόρφωση του περιβάλλοντος χώρου.

Ort: Ptolemaida — Kosani
Projekt: Gewächshaus mit Fernheizung — Nachdem die Fernwärme bisher für die Hausheizung genutzt wurde, wird sie nun erstmals im produktiven Sektor bei der Blumenzucht eingesetzt. Die Investition dient zur Errichtung eines Gewächshauses für Zierpflanzen (Rosen und Nelken), das mit Fernwärme geheizt wird. Das Projekt umfasst den Bau des Gewächshauses und den Kauf der erforderlichen Gerätschaften, den Bau eines Lagergebäudes und von Büros sowie landschaftsgestaltende Arbeiten.

Place: Ptolemaida, Prefecture of Kozani
Project: Greenhouse with remote heating — Having been used for domestic heating, remote heating is being used for the first time in the productive sector, for flower growing. The investment has gone into creating a greenhouse for ornamental plants (roses and carnations) equipped with remote heating: building the greenhouse and buying the machinery and other equipment, building a storehouse and offices and landscaping the surrounding land.

Lieu: Ptolémaïda (département de Kozani)
Projet: Serre alimentée par un réseau de chauffage à distance — Après son usage urbain, le chauffage à distance est utilisé pour la première fois dans le secteur productif à l'occasion de la création d'une unité de production de fleurs. L'investissement concerne la création d'une serre de plantes ornementales (roses et œillets) alimentée par un réseau de chauffage à distance. Il inclut la construction de la serre et l'achat du matériel nécessaire (équipements mécaniques et autres), la construction d'un bâtiment destiné à abriter un entrepôt et des bureaux ainsi que l'aménagement de l'enceinte.

Τόπο: Νομός Βοιωτίας
(Δημοτική Επιχείρηση
Πολιτισμού Θήβας)
Έργο: Εργαστήριο κατασκευής
παραδοσιακών στολών

Ort: Nomos Böotien
(Gemeindekulturzentrum
Theben)
Projekt: Trachtennäherei

Place: Prefecture of Viotia
(Thiva municipal culture
company)
Project: Traditional costume
workshop

Lieu: Département de Béotie
(entreprise municipale culturelle
de Thiva)
Projet: Atelier de confection
de costumes traditionnels

38   Ελλάδα ~ Griechenland ~ Greece ~ Grèce

España

Spanien ~ Spain ~ Espagne

40   *España ~ Spanien ~ Spain ~ Espagne*

El ciclo-raíl es un adaptador de bicicletas a las vías ferroviarias, de forma que permite circular pedaleando en paralelo, por las viejas infraestructuras en desuso de toda la UE, haciendo posible usos alternativos, como los turísticos. Así se podría evitar la desaparición del valioso patrimonio ferroviario europeo.

„Ciclo-raíl" sind für Eisenbahnschienen adaptierte Fahrräder, auf denen man parallel nebeneinander fahren kann. So werden die alten, stillgelegten Infrastrukturen im gesamten EU-Gebiet auf alternative Weise, z. B. für den Tourismus, genutzt, und es wird verhindert, dass das wertvolle europäische Eisenbahnerbe verloren geht.

The ciclo-raíl is a way of adapting bicycles to run on railway lines, so that people can pedal alongside each other on disused railway tracks throughout the EU. In this way, the tracks can be used for other purposes, such as tourism, so preventing the disappearance of Europe's substantial railway heritage.

Le vélo-rail offre la possibilité de rouler à l'aide de deux bicyclettes couplées sur les anciennes voies de chemin de fer désaffectées de toute l'UE. Grâce à cette nouvelle utilisation des infrastructures ferroviaires à des fins touristiques, notamment, il sera possible de préserver le précieux patrimoine ferroviaire européen.

42 *España ~ Spanien ~ Spain ~ Espagne*

Cantera artesanal en Sepúlveda, nordeste de Segovia
Jóvenes constructores con tradición familiar en la talla de la piedra deciden trasladar, ampliar y modernizar el taller que utilizaron su padre y abuelos, permitiéndoles trabajar en esculturas de mayores dimensiones como las tallas de la fachada principal de la catedral de la Almudena de Madrid.

Steinmetzarbeiten in Sepúlveda, im Nordosten Segovias
Junge Handwerker aus Familien mit Tradition im Steinmetzgewerbe verlegen, vergrößern und modernisieren die Werkstätten ihrer Eltern und Großeltern und können so an Skulpturen arbeiten, die größer sind als die der Hauptfassade der Kathedrale La Almudena in Madrid.

Handicrafts workshop in Sepúlveda, north-east Segovia
Young building workers whose families worked in stonecutting have decided to move, extend and modernise the premises where their fathers and grandfathers worked so that they can undertake larger sculptures such as those for the main front of the Almudena cathedral in Madrid.

Carrière de pierres artisanale à Sepulveda, nord-est de Ségovie
De jeunes tailleurs de pierre forts d'une tradition familiale dans ce domaine ont décidé de transférer, d'agrandir et de moderniser l'atelier de leurs parents et grands-parents, leur permettant ainsi de travailler sur des sculptures de plus grandes dimensions comme celles qui ornent la façade principale de la cathédrale de l'Almudena à Madrid.

44 *España ~ Spanien ~ Spain ~ Espagne*

*Oferta turística de calidad en el Valle del Jerte y desarrollo de un sistema
de calidad en destino para las sierras norte de Extremadura*
*El grupo de acción local del Valle del Jerte pone en marcha una estrategia de mejora de la calidad turística.
Durante los últimos diez años la comarca ha pasado de no tener prácticamente oferta a contar en
la actualidad con más de 1 000 plazas de alojamiento de alta calidad y empezar a colaborar con otras
zonas vecinas para rentabilizar los costes de promoción y alcanzar la escala necesaria para constituir
un destino turístico viable y de calidad.*

**Qualitätsverbesserung des touristischen Angebots im Jerte-Tal und Entwicklung eines
Qualitätsförderungssystems für die nördliche Gebirgsregion von Extremadura**
Die lokale Aktionsgruppe verfolgt eine Strategie zur Verbesserung des touristischen Angebots im Jerte-Tal.
In den vergangenen zehn Jahren ist es dem Bezirk gelungen, ausgehend von einem praktisch nicht
vorhandenen Tourismusangebot mehr als 1 000 hochwertige Beherbergungsplätze zu schaffen sowie durch
die Zusammenarbeit mit benachbarten Gebieten die Werbekosten zu senken und eine hochwertige
Fremdenverkehrssparte lebensfähig zu machen.

**High-quality tourist provision in the Valle del Jerte and the development of a quality system
for the mountains of northern Extremadura**
The Valle del Jerte Local Action Group is implementing a strategy to improve the quality of services
for tourists. Over the last 10 years tourist accommodation in the area has grown from being virtually
non-existent to over 1 000 high-quality beds. Now the group is beginning to cooperate with other nearby
areas in order to share promotional costs and reach the scale required to make this a viable high-quality
tourist destination.

**Offre touristique de qualité dans la vallée du Jerte et développement d'un système
d'hébergement de qualité dans les sierras du nord de l'Estrémadure**
Le GAL de la vallée du Jerte a mis en œuvre une stratégie d'amélioration de la qualité de l'offre touristique.
Au cours des dix dernières années, la région est passée d'une offre en matière d'hébergement quasi nulle
à la création de plus de mille places d'hébergement de qualité. Elle a également commencé à collaborer
avec des zones limitrophes pour rentabiliser les coûts de promotion et atteindre ainsi l'échelle nécessaire
à la constitution d'une destination touristique viable et de qualité.

España ~ Spanien ~ Spain ~ Espagne

Casa rural «Casa Jacoba» en Olmedilla del Campo
A partir de un pequeño bar, la promotora decidió rescatar la vieja profesión de su abuelo que era posadero. Esta antigua vocación familiar se ha materializado en una cálida y acogedora casa rural.
Inversión: 135 316 euros. Subvención: 31 %.

Landgasthof „Casa Jacoba" in Olmedilla del Campo
Was zuerst eine kleine Bar war, wurde durch den Entschluss der Initiatorin, den alten (Wirts-)Beruf ihres Großvaters wieder aufleben zu lassen und an die Familientradition anzuknüpfen, zu einem freundlichen und gemütlichen Landgasthof.
Investition: 135 316 EUR. Subvention: 31 %.

The 'Casa Jacoba' rural hotel in Olmedilla del Campo
The owner of a small bar decided to resume her grandfather's trade and become an innkeeper. Reviving this family tradition has resulted in a cosy and welcoming rural hotel.
Investment: EUR 135 316. Grant: 31 %.

Gîte rural «Casa Jacoba» à Olmedilla del Campo
À partir d'un petit bar, l'instigatrice de ce projet a décidé de renouer avec l'ancienne profession de son grand-père qui était aubergiste. Cette ancienne vocation familiale s'est matérialisée dans l'aménagement d'un gîte rural chaleureux et accueillant.
Investissement: 135 316 euros. Subvention: 31 %.

Grupo de acción local Ceder Oscos Eo, Vegadeo (Asturias): creación de una empresa
La empresa tiene como objetivos: la fabricación de cuchillos y navajas de calidad, revalorizando y modernizando la producción artesanal del concejo; promoción y colaboración en tareas de formación y asesoramiento de nuevos artesanos; el apoyo a la artesanía local, facilitando el aprovisionamiento de materias primas, el acceso a nuevas tecnologías y la posibilidad de comercialización a través de la empresa; consolidar una marca de garantía que identifique a los productos artesanos de Taramundi.

Lokale Aktionsgruppe Ceder Oscos Eo, Vegadeo, Asturien: Gründung eines Unternehmens
Ziele des Unternehmens sind: Herstellung von hochwertigen Messern und Taschenmessern zur Umgestaltung und Modernisierung des Gewerbes im Bezirk; Förderung und Mithilfe bei der Ausbildung und Beratung neuer Handwerker; Unterstützung der bestehenden Handwerksbetriebe bei der Versorgung mit Rohstoffen, der Erleichterung des Zugangs zu neuen Technologien und Vermarktungsmöglichkeiten über das Unternehmen; Schaffung eines Warenzeichens zur Kennzeichnung der handwerklichen Erzeugnisse aus Taramundi.

Ceder Oscos Eo Local Acción Group, Vegadeo, Asturias: setting up a firm
The aims of the firm are to: produce quality knives and blades by redesigning and modernising craft production in this area; encourage and cooperate in the training and assessment of young craftsmen; support the existing craft industry by securing supplies of raw materials, access to new technologies and the possibility of marketing through the firm; consolidate a brand to identify craft products from Taramundi.

Groupe d'action local Ceder Oscos Eo, Vegadeo, Asturies: création d'une entreprise
L'entreprise a pour objet: la fabrication de couteaux et de couteaux pliants de qualité grâce à la revalorisation et à la modernisation de la production artisanale locale; l'aide à la formation et l'encadrement des nouveaux artisans; le soutien de l'artisanat local par l'approvisionnement en matières premières, l'accès aux nouvelles technologies et la création de possibilités de commercialisation à travers l'entreprise; la consolidation d'une marque de garantie qui caractérise les produits artisanaux de Taramundi.

España ~ Spanien ~ Spain ~ Espagne

En la región de Murcia, un ejemplo de producción de cítricos con menos plaguicidas, menos agua de regadío y un uso más racional de los fertilizantes, gracias a la ayuda aportada a los agricultores dentro del programa español de desarrollo rural. Las medidas agroambientales son la avanzadilla de la transformación de la agricultura europea en una agricultura sostenible.

Anbau von Zitrusfrüchten im Gebiet von Murcia – mit weniger Pestiziden, sparsamerer Bewässerung und vernünftigerem Einsatz von Düngemitteln dank der Maßnahmen zur Agrarumweltförderung im Rahmen des spanischen Programms zur Entwicklung des ländlichen Raums. Die Agrarumweltmaßnahmen bilden das Kernstück des dynamischen Wandlungsprozesses zu einer nachhaltigen europäischen Landwirtschaft.

In Murcia, an example of citrus fruit growing using fewer pesticides and less water for irrigation along with the more rational application of fertilisers, thanks to support for farmers from agri-environmental measures under the Spanish rural development programme. Agri-environmental measures are the cutting edge of change, moving European agriculture towards a sustainable model.

Dans la région de Murcie, un exemple de production d'agrumes avec moins de pesticides, moins d'eau d'irrigation et un usage plus raisonné des fertilisants grâce au soutien apporté par les mesures agroenvironnementales offertes aux agriculteurs dans le cadre du programme de développement rural espagnol. Les mesures agroenvironnementales sont le fer de lance de la dynamique de mutation de l'agriculture européenne vers une agriculture durable.

España ~ Spanien ~ Spain ~ Espagne

España ~ Spanien ~ Spain ~ Espagne

La Ribeira Sacra
En esta región se aplican programas agroambientales encaminados a conservar el paisaje —en este caso, terrazas—. También se han puesto en marcha varios proyectos Leader+ para promocionar la gastronomía y el turismo de la región.

La Ribeira Sacra
In dieser Region werden Agrarumweltprogramme zur Erhaltung der Landschaft – in diesem Fall, einer Terrassenlandschaft – durchgeführt. Auch mehrere Leader+-Projekte zur Förderung von Gastronomie und Tourismus in der Region wurden entwickelt.

La Ribeira Sacra
Agri-environmental programmes aimed at conserving the countryside (terraces, in this case) are in place in this region. Several Leader+ projects have also been developed to promote the gastronomy of, and tourism in, the region.

La Ribeira Sacra
Programmes agroenvironnementaux visant à préserver le paysage rural en terrasses propre à cette région. Plusieurs projets Leader+ ont également été développés pour promouvoir la gastronomie et le tourisme.

País Vasco: En la montaña, la ganadería tradicional ya no es suficiente para mantener la población rural. El asentamiento de jóvenes agricultores suele ir parejo a la búsqueda de nuevas fuentes de renta agraria, para lo cual es necesario efectuar inversiones, como por ejemplo en estos invernaderos hortícolas ligeros, que han recibido ayuda de los fondos comunitarios.

Baskenland: Im Bergland genügt die traditionelle Tierhaltung nicht mehr, um die Bevölkerung in diesen ländlichen Gebieten zu halten. Junglandwirte lassen sich meist nur nieder, wenn sich ihnen alternative Einkommensquellen bieten. Die erforderlichen Investitionen werden aus den EU-Fonds gefördert, wie hier für leichte Gewächshäuser im Gartenbau.

Basque country: In mountain areas, traditional stockbreeding is no longer enough to retain the population in rural areas. Setting up young farmers often entails a search for new sources of agricultural income which requires investment from Community funds, as in the case of these light greenhouses.

Pays basque: en montagne, l'élevage traditionnel ne suffit plus pour fixer la population rurale. L'installation de jeunes agriculteurs passe souvent par la recherche de nouvelles sources de revenus agricoles, pour lesquelles des investissements sont nécessaires, comme ici pour ces serres horticoles légères, avec l'aide des fonds communautaires.

France

Frankreich ~ France

*Investissement dans
les exploitations agricoles
en zone de montagne*

Investitionen in Agrarbetriebe
in Berggebieten

Investment in holdings
in mountain areas

France ~ Frankreich ~ France

Agrotourisme: châlets de gîte, domaine des Genevreys, Saint-Arey (Isère)

Agrotourismus: Domaine des Genevreys, Saint-Arey (Isère)

Agri-tourism chalets: Domaine des Genevreys, Saint-Arey (Isère)

Diversification: chaîne de fabrication des yaourts (passage du remplissage des pots au scellage),
Champigny-sur-Vende (Indre-et-Loire)

Diversifizierung – Joghurt-Produktionslinie (Verschließen der gefüllten Gläser),
Champigny-sur-Vende (Indre-et-Loire)

Diversification of yoghurt manufacturing line (from pot-filling to sealing),
Champigny-sur-Vende (Indre-et-Loire)

France ~ Frankreich ~ France

Plants de chênes

Eichen-Jungpflanzen

Oak seedlings

Contrat territorial d'exploitation (CTE) en Normandie — Entretien des haies

Bewirtschaftungsverträge (CTE) – Heckenpflege in der Normandie

CTE in Normandy — hedge maintenance

France ~ Frankreich ~ France

*Mesures agroenvironnementales
d'entretien des berges*

Agrarumweltmaßnahmen
zur Uferpflege

Agri-environmental measures
and stream bank maintenance

*Investissements dans
les industries forestières*

Investitionen in die
Holzindustrie

Investments in forest product
enterprises

France ~ Frankreich ~ France

Investissement dans l'industrie agroalimentaire à la Martinique

Investitionen in die Lebensmittelindustrie auf Martinique

Investment in the food processing industry in Martinique

Leader+
Tuatha Chiarrai, in the south-west of Ireland, is the local action group established to administer the Leader programme in North Kerry. Sliabh Luachra is an area of North Kerry, which has suffered heavily from population decline with a high proportion of elderly inhabitants. Sliabh Luachra music and cultural tradition is unique in the country. The cultural and heritage centre in Sliabh Luachra received aid from Tuatha Chiarrai. Its aim is to preserve the cultural tradition of the area.

Leader+
Tuatha Chiarrai ist die lokale Aktionsgruppe, die das Leader-Programm in North Kerry (Südwestirland) betreut. In North Kerry liegt das Gebiet von Sliabh Luachra, das erheblich unter der Landflucht zu leiden hatte und daher einen hohen Bevölkerungsanteil älterer Menschen zählt. Sliabh Luachra besitzt eine einzigartige musikalische und kulturelle Tradition. Das Zentrum für Kulturerbe *(heritage centre)* in Sliabh Luachra erhielt Fördermittel von Tuatha Chiarrai mit dem Ziel, die traditionelle Kultur in dem Gebiet zu bewahren.

Leader+
Tuatha Chiarrai, dans le sud-ouest de l'Irlande, est le groupe d'action local mis en place pour assurer la gestion du programme Leader dans le North Kerry. Sliabh Luachra est une région du North Kerry qui a beaucoup souffert du dépeuplement et compte un pourcentage important de personnes âgées. La musique et les traditions culturelles de Sliabh Luachra sont uniques dans le pays. Le centre culturel et de protection du patrimoine *(heritage centre)* de Sliabh Luachra a reçu une aide de Tuatha Chiarrai. L'objectif visé est de préserver les traditions culturelles de la région.

Ireland ~ Éireann ~ Irland ~ Irlande

An uncultivated strip of at least 1.5 metres is retained where tillage crops are produced.

An den Ackerrändern bleibt ein Streifen von mindestens 1,5 m Breite unbestellt.

Une bande de terre non cultivée d'au moins 1,5 m est conservée en cas de cultures sur labours.

Ireland ~ Éireann ~ Irland ~ Irlande

Ireland ~ Éireann ~ Irland ~ Irlande

Agri-environment scheme
Ireland implements the CAP agri-environment accompanying measure through the rural protection and environment scheme (REPS).

Agrarumweltprogramm
In Irland werden die flankierenden Agrarumweltmaßnahmen der Gemeinsamen Agrarpolitik im Rahmen des „rural protection and environment scheme" (REPS) durchgeführt.

Programme agroenvironnemental
L'Irlande met en œuvre la mesure d'accompagnement de la PAC relative à l'agroenvironnement dans le cadre du programme rural de protection de l'environnement *(rural protection and environment scheme — REPS).*

Retention and maintenance of stone walls is obligatory on a REPS participant.

Die Erhaltung und Pflege von Steinmauern zählt zu den Pflichtaufgaben im Rahmen der Förderung durch das REPS.

La conservation et le maintien des murs de pierres est obligatoire pour un participant au REPS.

70   *Ireland ~ Éireann ~ Irland ~ Irlande*

Features of historical and archaeological interest must be retained and managed. This is a good example of a ring fort which must be protected on a REPS farm.

Historisch oder archäologisch interessante Stätten müssen erhalten und gepflegt werden. Die Abbildung zeigt einen keltischen Ringwall in landwirtschaftlichem Gebiet, der im Rahmen des REPS geschützt wird.

Les éléments d'intérêt historique et archéologique doivent être conservés et gérés. Il s'agit d'un bon exemple de fort circulaire qui doit être protégé dans une exploitation participant au REPS.

72 Ireland ~ Éireann ~ Irland ~ Irlande

REPS promotes an awareness of the need to harmonise the visual impact of the farmyard and farm with the surrounding countryside and advises on the choice of appropriate roof and wall colours.

Im Rahmen des REPS werden die Bauernhöfe möglichst harmonisch in die landschaftliche Umgebung integriert und die Besitzer u. a. über die geeignete Farbgebung von Mauern und Dächern beraten.

Le REPS favorise la prise de conscience de la nécessité d'harmoniser l'impact visuel de la cour de la ferme et de l'exploitation avec la campagne environnante et fournit des conseils sur le choix de couleurs appropriées pour le toit et les murs.

74   *Ireland ~ Éireann ~ Irland ~ Irlande*

REPS has a number of supplementary measures — rearing animals of local breeds in danger of extinction, long term set-aside of strips of land located along designated rivers and organic farming. The photograph shows Kerry cattle, a native Irish breed, which is one of the endangered cattle breeds in Ireland.

Das REPS fördert auch ergänzende Maßnahmen wie die Haltung und Pflege selten gewordener Landrassen, die Dauerbrache von Ackerrändern entlang bestimmter Wasserläufe und den ökologischen Landbau. Die Abbildung zeigt Kerry-Rinder, eine vom Aussterben bedrohte irische Landrasse.

Le REPS comporte un certain nombre de mesures supplémentaires: l'élevage d'animaux de races locales menacées d'extinction, la mise en jachère à long terme de bandes de terres situées le long de rivières désignées et l'agriculture biologique. La photographie montre des bovins de Kerry, une race locale irlandaise qui est l'une des races de bovins menacées en Irlande.

An example of a Natura 2000 site which must be protected under REPS.

Beispiel eines Natura-2000-Biotops, das im Rahmen des REPS geschützt wird.

Un exemple de site Natura 2000 qui doit être protégé dans le cadre du REPS.

Ireland ~ Éireann ~ Irland ~ Irlande

Italia

Italien ~ Italy ~ Italie

Un museo racconta la civiltà contadina (GAL Eugubino Gualdese, Umbria)
Diverse azioni del programma Leader prevedono interventi finalizzati al recupero di antichi casali rurali per la realizzazione di musei sulla civiltà contadina.

**Ein Museum erzählt von der ländlichen Kultur
(lokale Aktionsgruppe Eugubino Gualdese, Umbrien)**
Dank verschiedener Maßnahmen des Leader-Programms konnten historische Bauernhöfe restauriert und zu Museen für ländliche Kultur umgebaut werden.

A museum of country life (Eugubino Gualdese local action group, Umbria)
Various measures under the Leader programme provide for aid for restoring old farmhouses and turning them into museums of country life.

Un musée raconte la vie rurale (GAL Eugubino Gualdese, Ombrie)
Diverses actions du programme Leader prévoient des mesures visant à réhabiliter d'anciens bâtiments ruraux pour en faire des écomusées.

Tronchi solcati dalle stagioni per gli olivi centenari della regione Puglia
Il piano di sviluppo dell'operatore collettivo Agriseb mira a valorizzare le vocazioni del territorio, conferire una nuova identità alle produzioni e soprattutto istituire un canale diretto con il mercato.

Jahrhundertealte, vom Wetter zerfurchte Olivenbäume in der Region Apulien
Der Entwicklungsplan der Trägergemeinschaft Agriseb hat zum Ziel, das Potenzial dieses Gebiets zu erschließen, seinen Produkten ein neues Image zu geben und insbesondere eine direkte Verbindung zum Markt herzustellen.

The trunks of these centuries-old olive trees in the Apulia region are furrowed with age
The Agriseb collective's development plan aims to make the most of the area's assets, 'rebrand' local products and, above all, establish a direct link to the market.

Troncs sillonnés par les saisons dans les oliveraies centenaires de la région des Pouilles
Le plan de développement de l'acteur collectif Agriseb a pour objectif de valoriser les aptitudes du terroir, de donner une nouvelle identité aux productions et surtout de mettre en place un circuit direct avec le marché.

Italia ~ Italien ~ Italy ~ Italie

Il gruppo di azione locale «Prealpi Bellunesi» (nella regione Veneto), grazie al programma Leader, ha favorito la realizzazione di interventi specifici nella filiera legno attraverso l'organizzazione di corsi di formazione e attività di promozione di prodotti artigianali (mobili, sedie ecc.).

Mit Unterstützung des Leader-Programms konnte die lokale Aktionsgruppe „Prealpi Bellunesi" (Region Venetien) im Holzsektor Ausbildungsmaßnahmen durchführen und den Absatz von handwerklichen Erzeugnissen (Möbelstücke u. Ä.) fördern.

The 'Prealpi Bellunesi' local action group (in the Veneto region), thanks to the Leader programme, has encouraged specific measures in the wood sector by organising training courses and promoting craft products (furniture, chairs, etc.).

Grâce au programme Leader, le groupe d'action locale «Prealpi Bellunesi» (dans la région du Veneto) a soutenu la mise en œuvre d'actions spécifiques dans la filière bois en organisant des cours de formation et des activités visant à la promotion des produits de l'artisanat (meubles, chaises, etc.).

Italia ~ Italien ~ Italy ~ Italie

In Toscana, l'azione congiunta del DOCUP obiettivo n. 5b), di Leader e del regolamento (CEE) n. 2078/92 ha stimolato la presenza e la conoscenza dei prodotti tipici locali, come il Pecorino Toscano DOP, e dei formaggi biologici, anche attraverso la loro promozione nei mercati e fiere locali.

In der Toskana konnte durch Bündelung der Mittel aus dem Programmplanungsdokument im Rahmen von Ziel 5b, aus Leader und der Verordnung (EWG) Nr. 2078/92 das Angebot und die Kenntnis typischer lokaler Erzeugnisse wie des Pecorino Toscano (GGA) und ökologischer Käse unter anderem mit Hilfe von Werbemaßnahmen auf örtlichen Märkten und Messen vergrößert werden.

In Tuscany, a coordinated action under the Objective 5b Single Programming Document, Leader, and Regulation (EEC) No 2078/92 (encouraging environmentally friendly farming practices) has stimulated the knowledge and consumption of typical local products, such as Pecorino Toscano POD and organic cheese. The organisation of local fairs has helped to achieve these results.

En Toscane, l'action conjointe au titre du document unique de programmation pour l'objectif n° 5 b), de Leader et du règlement (CEE) n° 2078/92 a favorisé la connaissance et la consommation de produits du terroir — le Pecorino Toscano DOP, par exemple — et de fromages biologiques. L'organisation de foires locales a notamment contribué à ce résultat.

La valorizzazione dei piccoli frutti e del sottobosco costituisce un'interessante opportunità per le aree montane. Le condizioni ambientali di montagna consentono di ottenere produzioni con elevate qualità gustative e, nel periodo di maturazione, i frutti conferiscono al paesaggio nuovi e originali colori. Nel Piemonte, è stata particolarmente intensa l'azione del DOCUP obiettivo n. 5b) volta a rafforzare tali produzioni.

Die Förderung des Absatzes wilder Beeren stellt eine große Chance für die Berggebiete dar. Denn dank der im Gebirge herrschenden Umweltbedingungen haben die Beeren ein ganz besonderes Aroma und bereichern die Landschaft in ihrer Reifezeit um neue und originelle Farbtöne. Im Piemont ermöglichte das Programmplanungsdokument im Rahmen von Ziel 5b besonders große Investitionen in diesem Bereich.

The promotion of wild berries offers a great opportunity to develop mountain areas. The mountain environment ensures that the products have a very good flavour, and, of course, the fruit adds colour to the landscape. In Piedmont, the Objective 5b Single Programming Document has enabled investments to be made in such production.

La valorisation des baies sauvages représente une importante possibilité de développement pour les zones montagneuses. Le milieu montagneux confère aux produits obtenus une saveur particulière, et, en période de maturation, les vives couleurs des fruits agrémentent le paysage. Dans le Piémont, le document unique de programmation dans le cadre de l'objectif n° 5 b) a permis de renforcer les investissements dans ce secteur de production.

Italia ~ Italien ~ Italy ~ Italie

Il GAL Valle Camonica, in Lombardia, nell'ambito dell'iniziativa comunitaria Leader II ha creato un giardino botanico, per avere uno strumento di supporto all'educazione naturalistica e alla ricerca scientifica che consenta la conservazione e la tutela di specie vegetali tipiche della flora alpina.

Die LAG Valle Camonica in der Lombardei richtete im Zusammenhang mit der Gemeinschaftsinitiative Leader II einen botanischen Garten ein, um damit den Naturkundeunterricht und die zur Bewahrung und zum Schutz der typischen Alpenpflanzen erforderliche wissenschaftliche Forschung zu fördern.

In the framework of the Leader II Community Initiative, the LAG Valle Camonica, in Lombardy, has built a 'botanical garden'. The garden has become an important resource for activities such as environmental training and scientific research, aimed at promoting and improving the conservation and protection of Alpine vegetal species.

Le GAL Valle Camonica, en Lombardie, a créé un jardin botanique dans le cadre de l'initiative communautaire Leader II. Ce jardin offre de nombreuses possibilités, telles que l'information dans le domaine des sciences naturelles et la recherche scientifique visant à encourager et à améliorer la conservation et la protection des plantes alpines.

Luxemburg ~ Luxembourg ~ Luxembourg

Förderung der Biodiversität im Rahmen des Programms für die Entwicklung des ländlichen Raums in Luxemburg
Kleine Eingriffe im Eichen-Niederwald fördern die Biodiversität. Dem Haselhuhn, einem vom Aussterben bedrohten Vogel, kommt die so geschaffene Mosaikstruktur zugute. Die Ardennen im Norden des Großherzogtums Luxemburg gehören zu den letzten Regionen in Europa, wo diese Tradition dank einer Gerberei in Trier (Deutschland), die auf Pflanzenbasis arbeitet, erhalten geblieben ist. Rund 15 Personen entfernen
beim Aufsteigen des Harzes (Ende April bis Ende Juni) die Rinde von Gerbeichen von Hand nach einem tradierten Verfahren, das zum luxemburgischen Kulturerbe gehört.

Promotion de la biodiversité dans le programme de développement rural luxembourgeois
Les coupes de rajeunissement des taillis de chêne à petite échelle favorisent la biodiversité. Un oiseau menacé d'extinction, la gélinotte des bois, profite de la structure en mosaïque ainsi créée. La région ardennaise au nord du Grand-Duché est l'une des dernières en Europe où cette tradition s'est conservée grâce à l'existence d'une tannerie végétale à Trèves (Allemagne). Une quinzaine de personnes pratiquent l'écorçage manuel des chênes à tan lors de la montée de la sève (fin avril à fin juin) selon un savoir-faire ancestral qui fait partie du patrimoine culturel luxembourgeois.

Promotion of biodiversity in the Luxembourg rural development programme
Small-scale coppicing of oak stands encourages biodiversity. The hazel hen, an endangered species, takes advantage of the mosaic pattern thus created. The Ardennes region in the north of Luxembourg is one of the last regions in Europe where this tradition has been preserved, thanks to the presence of a vegetable tannery at Trier in Germany. About 15 people strip the oak bark manually when the sap rises (late April to late June), using an ancestral technique which is part of Luxembourg's cultural heritage.

Luxemburg ~ Luxembourg ~ Luxembourg

Erhaltung des Ardenners (bedrohte Rasse von Zugpferden) im Rahmen des luxemburgischen Programms zur Entwicklung des ländlichen Raums
Der Ardenner wird in Frankreich, Belgien, Luxemburg, Schweden und Deutschland gehalten. Er wird z. B. für das Rücken der entrindeten Stämme im Gerbeichen-Niederwald auf den Steilhängen der Ardennen eingesetzt. Etwa 3 000 in Zuchtbüchern geführte Stutenfüllen von drei Jahren und Stuten werden jedes Jahr in Europa gedeckt.

Conservation du cheval de trait ardennais (race menacée) dans le programme de développement rural luxembourgeois
Le cheval de trait ardennais est élevé en France, en Belgique, au Luxembourg, en Suède et en Allemagne. Il est par exemple utilisé pour le débardage des troncs écorcés dans les taillis de chêne à tan, qui sont situés sur les versants escarpés des Ardennes. Environ 3 000 pouliches de trois ans et juments inscrites dans un livre généalogique sont saillies chaque année en Europe.

Conservation of the Ardennes draught horse (endangered breed) in the Luxembourg rural development programme
The Ardennes draught horse is bred in France, Belgium, Luxembourg, Sweden and Germany. It is used for example on the steep slopes of the Ardennes to remove the unbarked trunks from coppices of oaks used for tanning. About 3 000 mares and three-year-old fillies entered in stud books are covered each year in Europe.

*Investitionsbeihilfen für
Agrarbetriebe*
Stall

*Aide aux investissements
dans les exploitations
agricoles*
Grange-hangar

**Aid for investments
in agricultural holdings**
Cowshed

Luxemburg ~ Luxembourg ~ Luxembourg

Nederland
Niederlande ~ Netherlands ~ Pays-Bas

Veld met natuurbraak (Zeeland)
Agrarisch natuurbeheer vormt een onderdeel van het plattelandsontwikkelingsprogramma. Door het afsluiten van contracten met de overheid krijgen boeren vergoedingen voor inspanningen die zij leveren om natuurdoelstellingen te realiseren. Dit voorbeeld in Zeeland getuigt hiervan.

Brachfeld als Agrarumweltmaßnahme (Provinz Seeland)
Naturschutz und Landschaftspflege durch die Landwirte sind Bestandteil des Entwicklungsprogramms für den ländlichen Raum. Aufgrund ihrer gegenüber den zuständigen Behörden übernommenen vertraglichen Verpflichtungen erhalten die Landwirte Vergütungen für die von ihnen erbrachten Leistungen zur Erreichung von Umweltschutzzielen. Hier sehen wir ein praktisches Beispiel aus der Provinz Seeland.

Field with environmental set-aside (Zeeland)
Nature management by farmers is part of the rural development programme. Farmers sign contracts with public authorities and receive payments for nature management services they deliver. This is an example from the province of Zeeland.

Champ en jachère (Zélande)
La gestion agricole de la nature fait partie du programme de développement rural. Grâce à la conclusion de contrats avec les autorités, les agriculteurs obtiennent une indemnisation pour les efforts qu'ils entreprennent afin de mettre en œuvre les objectifs concernant la nature. Cet exemple en Zélande en témoigne.

Nederland ~ Niederlande ~ Netherlands ~ Pays-Bas

Boerderijverplaatsing
In het kader van herinrichting van het platteland kan het nodig zijn om boerderijen te hervestigen om natuur-, landschap- of recreatiedoelstellingen te realiseren. Deze maatregelen vinden plaats binnen daarvoor bepaalde gebieden. In het Nederlandse plattelandsontwikkelingsprogramma wordt hieraan ondersteuning verleend, als onderdeel van de maatregel herverkaveling.

Verlegung des landwirtschaftlichen Betriebsstandorts
Bei der Umstrukturierung des ländlichen Raums kann es sich im Interesse von Naturschutz und Landschaftserhaltung oder aber zur Schaffung von Erholungsmöglichkeiten in speziell ausgewiesenen Gebieten als unumgänglich erweisen, den bisherigen Standort landwirtschaftlicher Betriebe zu verlegen. Das niederländische Entwicklungsprogramm für den ländlichen Raum sieht hierfür eine finanzielle Unterstützung im Rahmen der Förderung der Flurbereinigung vor.

Farm relocation
As part of the redevelopment of rural areas, it may be necessary to relocate farms for nature, landscape or recreational purposes within designated areas. In the Dutch rural development programme, support is given for relocation under the land-reparcelling measure.

Déplacement d'une ferme
Dans le cadre du réaménagement du territoire rural, il peut être nécessaire de réimplanter des fermes pour atteindre les objectifs en matière de nature, de paysage ou de loisirs. Ces mesures sont mises en œuvre dans certains territoires prévus à cet effet. Dans le programme de développement rural néerlandais, un soutien est accordé à ces mesures dans le cadre de la mesure relative au remembrement.

Nederland ~ Niederlande ~ Netherlands ~ Pays-Bas

Nederland ~ Niederlande ~ Netherlands ~ Pays-Bas

Fietser in natuurgebied (Overijssel)
Versterking van de recreatieve beleving van het landelijk gebied is een onderdeel van het plattelandsontwikkelingsprogramma. Dit gebeurt onder meer in het kader van landinrichtingsprojecten. Op deze wijze wordt de kwaliteit en leefbaarheid van het platteland verhoogd en krijgen boeren mogelijkheden voor alternatieve inkomstenbronnen.

Radfahren auf dem Lande (Provinz Overijssel)
Die verstärkte Erschließung von Erholungsmöglichkeiten in ländlichen Gebieten ist gleichfalls Bestandteil des Entwicklungsprogramms für den ländlichen Raum, und zwar im Rahmen von ländlichen Umstrukturierungsprojekten. Hierdurch werden die Lebensfähigkeit und Qualität ländlicher Gebiete erhöht und den Landwirten alternative Einkommensquellen eröffnet.

Cyclist in the countryside (Overijssel)
Increasing the recreational use of rural areas is also part of the rural development programme, as an element of land improvement projects, for instance. This increases the quality of life in the countryside and gives farmers opportunities to create new sources of income.

Cycliste dans une zone naturelle (Overijssel)
Le renforcement de l'utilisation des zones rurales à des fins récréatives fait partie du programme de développement rural. Il est réalisé notamment dans le cadre de projets d'aménagement du territoire rural. Ce faisant, la qualité et la viabilité de la campagne s'en trouvent accrues et les agriculteurs obtiennent des possibilités de sources de revenus de remplacement.

Österreich
Austria ~ Autriche

Österreich ~ Austria ~ Autriche

Die österreichische Topografie wird wesentlich von den Alpen geprägt. Die Kulturlandschaft in diesem sensiblen Ökosystem wird seit Jahrhunderten durch die bäuerliche Landbewirtschaftung gestaltet. Durch die besondere Unterstützung von landwirtschaftlichen Betrieben in benachteiligten Berggebieten kann die Bewirtschaftung und damit auch der Erhalt dieser einzigartigen Landschaften gesichert werden.

Austrian topography is dominated by the Alps. For centuries this sensitive ecosystem has been managed by farmers. Farming in this unique landscape, and therefore its preservation, can be safeguarded by special support for agricultural holdings in less-favoured mountainous areas.

La topographie autrichienne est essentiellement marquée par le paysage alpin. Depuis des siècles, les agriculteurs façonnent les paysages de cultures de ce fragile écosystème. Cette exploitation des terres et, par conséquent, la sauvegarde de ces paysages uniques sont garanties par le soutien financier particulier accordé aux exploitations agricoles des régions de montagnes défavorisées.

Österreich ~ Austria ~ Autriche

Österreich ~ Austria ~ Autriche

Freistehende Gehölze prägen die Landschaft in vielen Teilen Österreichs. Da diese Landschaftselemente die landwirtschaftliche Nutzung erschweren, wurden sie in der Vergangenheit häufig beseitigt. Neben ihrer landschaftlichen Bedeutung sind sie oftmals auch Lebensraum für bedrohte Arten. Im Rahmen des Agrarumweltprogramms wird die Erhaltung dieser Biotope unterstützt.

Isolated groups of trees are a feature of many parts of Austria. They are obstacles to farming and were often removed in the past. Alongside their importance to the landscape they are often home to threatened species. The preservation of these biotopes is supported under the agri-environmental programme.

Les paysages de nombreuses régions d'Autriche se caractérisent par des bosquets individuels. Dans le passé, ils ont fréquemment été supprimés car ils empêchaient l'utilisation des sols à des fins agricoles. Outre leur importance pour le paysage, ils constituent souvent un habitat pour des espèces menacées. La sauvegarde de ces biotopes bénéficie de subventions dans le cadre du programme agroenvironnemental.

Der Schutz und die Erhaltung des ländlichen Kulturerbes sind ein wesentliches Ziel der ländlichen Entwicklung in Österreich. Die Revitalisierung traditioneller Bausubstanz und die sinnvolle Nutzung der erhaltenen Gebäude wird daher im Rahmen des österreichischen Programms für die Entwicklung des ländlichen Raums unterstützt.

Protecting and preserving the rural cultural heritage is a key objective of rural development in Austria. Refurbishing traditional buildings and using them purposefully is therefore supported by the Austrian rural development programme.

La protection et la sauvegarde du patrimoine culturel rural constituent l'un des objectifs essentiels du développement rural en Autriche. La rénovation des constructions traditionnelles et l'utilisation ingénieuse des bâtiments existants bénéficient ainsi du soutien du programme autrichien de développement de l'espace rural.

Österreich ~ Austria ~ Autriche

Portugal
Portugal ~ Portugal ~ Portugal

108   Portugal ~ Portugal ~ Portugal ~ Portugal

A vinha em socalcos da Região Demarcada do Douro é um património de excepcional valor paisagístico, essencial às actividades agroturísticas da região, para além da história e tradição que encerra. Os socalcos do Douro com os seus muros de pedra retêm a maior parte da água da chuva e travam a erosão, impedindo que o solo seja arrastado pelas encostas. Uma parte significativa desta região foi considerada pela Unesco como Património Mundial.
Região Demarcada do Douro — Norte de Portugal
Plano de Desenvolvimento Rural, RURIS — Intervenção Medidas Agroambientais

Die Weinberge in Terrassenbau des abgegrenzten Anbaugebiets Douro sind ein landschaftlich besonders wertvolles Gebiet, das abgesehen von seiner geschichtlichen Bedeutung und den dort weiterlebenden Traditionen auch für den Agrotourismus eine wichtige Rolle spielt. Die Terrassenkulturen des Douro mit ihren Steinmauern absorbieren einen Großteil des Regenwassers und wirken der Bodenerosion entgegen, da sie Erdrutsche verhindern. Die Unesco hat einen großen Teil dieser Region als Weltkulturerbe eingestuft.
Abgegrenztes Anbaugebiet Douro – Nordportugal
Plan für die Entwicklung des ländlichen Raums, RURIS – Agrarumweltmaßnahmen

The terraced vineyards of the Douro demarcated region are a heritage area of exceptional value in landscape terms and are essential to agri-tourism in the region, over and above the history and tradition they embody. The Douro terraces with their stone walls retain most of the rainwater and curb erosion, preventing the soil from being washed away down the slopes. A large part of this region has been named a world heritage site by Unesco.
Douro demarcated region — Northern Portugal
Rural development plan, RURIS — Agri-environmental measures

Les vignes en terrasses de la région délimitée du Douro constituent un patrimoine de valeur paysagiste exceptionnelle, essentiel aux activités agrotouristiques de la région, sans compter l'histoire et la tradition dont il témoigne. Les terrasses du Douro, avec leurs murets de pierre, retiennent la plus grande partie de l'eau de pluie et freinent l'érosion, empêchant le sol d'être entraîné par la pente. Une partie importante de cette région a été inscrite sur la liste du patrimoine mondial de l'Unesco.
Région délimitée du Douro — Nord du Portugal
Plan de développement rural, RURIS — Intervention «Mesures agroenvironnementales»

Portugal ~ Portugal ~ Portugal ~ Portugal

O montado de azinho constitui um património paisagístico importante das regiões do Alentejo e Beira Interior, fazendo parte de um ecossistema espontâneo de grande valor ecológico. Numa perspectiva ambiental, o montado de azinho é um valioso agrossistema, sendo o habitat de muitas espécies em vias de extensão, e é também um sistema eficiente no controlo da erosão dos solos.
Plano de Desenvolvimento Rural, RURIS — Intervenção Medidas Agroambientais

Steineichenwälder sind ein wichtiges Erscheinungsbild der Regionen Alentejo und Beira Interior und Teil eines Ökosystems von großem ökologischem Nutzen. Vom Gesichtspunkt des Umweltschutzes aus stellen Steineichenwälder ein wertvolles Agrar-Ökosystem dar, da sie ein „Habitat" für zahlreiche gefährdete Arten und gleichzeitig ein wirksames System zur Bekämpfung der Bodenerosion sind.
Plan für die Entwicklung des ländlichen Raums, RURIS – Agrarumweltmaßnahmen

Oak forests are an important feature of the landscape in the Alentejo and Beira interior regions, forming part of a spontaneous ecosystem of great ecological value. From an environmental point of view, oak forests are a valuable agrosystem, since they are the habitat of many endangered species, and are also effective in controlling soil erosion.
Rural development plan, RURIS — Agri-environmental measures

La forêt de chênes verts ou yeuseraie constitue un patrimoine paysagiste important des régions de l'Alentejo et de Beira Interior, faisant partie d'un écosystème spontané de grande valeur écologique. Dans une perspective environnementale, la yeuseraie est un agrosystème précieux constituant l'«habitat» de nombreuses espèces en voie d'extinction, en même temps qu'un système efficace pour la maîtrise de l'érosion des sols.
Plan de développement rural, RURIS — Intervention «Mesures agroenvironnementales»

Portugal ~ Portugal ~ Portugal ~ Portugal

O olival localizado em encostas com pequenos terraços suportados por muretes traduz um aproveitamento agrícola tradicional cuja prática, no momento presente, é completamente inviável economicamente, embora corresponda a uma paisagem única, e constitui um ecossistema importantíssimo para a manutenção da biodiversidade. Portugal definiu como uma das medidas agroambientais o apoio aos agricultores que mantenham o sistema tradicional referido.

Olivenhaine in Hanglage mit kleinen, mauergestützten Terrassen sind eine traditionelle landwirtschaftliche Praxis, die heutzutage zwar nicht mehr rentabel ist, aber ein einzigartiges Landschaftsbild bietet und ein für die Erhaltung der Biodiversität außergewöhnlich wichtiges Ökosystem ist. Zu den Agrarumweltmaßnahmen Portugals gehören Beihilfen für Landwirte, die diese traditionelle Anbauweise weiterhin pflegen.

Olive groves on slopes with little terraces supported by walls represent a traditional agricultural practice which at present is completely unviable economically, although they create a unique landscape and constitute a very important ecosystem for preserving biodiversity. Portugal included support for growers who continue to use the traditional system in the agri-environmental measures.

Les oliveraies implantées en coteaux sur de petites terrasses soutenues par des murets reflètent un mode d'exploitation agricole traditionnel dont la pratique a aujourd'hui cessé d'être rentable, bien qu'il s'inscrive dans un paysage unique et constitue un écosystème de la plus haute importance pour le maintien de la biodiversité. Une des mesures agroenvironnementales retenues par le Portugal concerne l'aide aux agriculteurs qui perpétuent ce système traditionnel.

Parcelas e/ou explorações agrícolas tradicionais onde o sistema de produção corresponde no período de Outono-Inverno à produção de forragens destinadas ao pastoreio ou ao corte para alimentação dos animais, sucedendo-se no período Primavera-Verão geralmente a cultura do milho em consociação, verificando-se ainda a cultura da vinha em ramada ocupando as bordaduras das parcelas.

Traditionelle landwirtschaftliche Flächen, auf denen im Herbst und Winter Grünfutter zur Beweidung oder zur Erzeugung von Heu angebaut wird, im Frühjahr und Sommer in der Regel gefolgt von Maiskulturen, und die von Weinspalieren eingegrenzt werden.

Traditional agricultural parcels and/or holdings where fodder for grazing or for cutting as animal feed is grown in autumn and winter, usually followed by maize in spring and summer, with trellised vines around the edges of the parcels.

Parcelles et/ou exploitations agricoles traditionnelles où le système de production comporte, durant la saison d'automne-hiver, la culture de fourrages destinés à être pâturés ou coupés pour l'alimentation des animaux, production généralement suivie, au printemps et en été, par le maïs en culture associée, tandis que la vigne palissée occupe les bordures des parcelles.

Os matos constituiem um suporte da exploração fornecendo as camas dos animais que dão posteriormente origem a estrume para fertilização dos campos de cultivo, representando ainda a área florestal terreno para o pastoreio livre de algumas raças.

Die Macchia wird zu Einstreu für die Tiere verarbeitet, welche dann später als Dünger auf den Feldern ausgebracht wird, sie dient aber auch als Weidefütterung für bestimmte Arten.

Scrubland provides bedding for the animals which then produce manure for fertilising the fields, and woodland offers free grazing for some breeds.

Le maquis sert de support à l'exploitation en fournissant la litière des animaux qui se transformera ensuite en engrais pour la fertilisation des champs cultivés, mais il est aussi utilisé comme zone forestière pour l'élevage en libre pâture de certaines races.

O «montado de sobro» representa um sistema agrícola tradicional com benefícios provenientes da extracção de cortiça dos sobreiros (foto 1) (18) e pastoreio na actividade de pecuária extensiva, uma das actividades prioritárias nos apoios aos investimentos nas explorações agrícolas [Regulamento (CE) n.º 1257/1999, capítulo I] no âmbito do Programa Operacional Agricultura e Desenvolvimento Rural do QCA III 2000-2006.

Korkeichenwälder stellen ein traditionelles landwirtschaftliches System, dessen Einkommensquellen die Korkgewinnung und die extensive Tierhaltung sind, wobei Letztere bei den Beihilfen für Investitionen in landwirtschaftlichen Betrieben [Verordnung (EG) Nr. 1257/99, Kapitel I] im Rahmen des operationellen Programms für die Landwirtschaft und die Entwicklung des ländlichen Raums des GFK III 2000-2006 zu den prioritären Tätigkeiten gehört.

Cork oak forests represent a traditional agricultural system whose benefits come from the stripping of bark from the oak trees and from grazing in the context of extensive livestock rearing, which is one of the priorities for support for investment in agricultural holdings (Regulation (EC) No 1257/1999, Chapter I) in the agriculture and rural development operational programme under the 2000–06 CSF III.

La forêt de chênes-lièges ou suberaie représente un système agricole traditionnel procurant des revenus tirés de l'extraction du liège et de l'élevage extensif, une des activités prioritaires pour les aides aux investissements dans les exploitations agricoles [règlement (CE) nº 1257/1999, chapitre I] octroyées dans le cadre du programme opérationnel «Agriculture et développement rural» du CCA III 2000-2006.

Portugal ~ Portugal ~ Portugal ~ Portugal

Portugal ~ Portugal ~ Portugal ~ Portugal

Este sistema tradicional permite, para além da preservação das paisagens e correspondentes ecossistemas existentes, obter produtos com maior valor acrescentado atribuído pelo consumidor, como é o caso da exploração de suínos em regime extensivo.

Abgesehen von der Landschaftspflege und der Erhaltung der entsprechenden Ökosysteme liefert dieses traditionelle landwirtschaftliche System Produkte, die vom Verbraucher hoch geschätzt werden, wie beispielsweise aus extensiver Tierhaltung stammendes Schweinfleisch.

This traditional system makes it possible not only to preserve the landscape and existing ecosystems but also to obtain products with greater value added, as is the case with pigs reared extensively.

Outre la préservation des paysages et des écosystèmes correspondants, ce mode d'exploitation traditionnel permet d'obtenir des produits plus appréciés des consommateurs, comme c'est le cas du porc élevé en régime extensif.

Uma das medidas agroambientais definidas por Portugal visa apoiar este tipo de sistema tradicional para secar o milho e com dificuldades de competitividade económica, mas sustentável do ponto de vista ambiental, combatendo-se o processo de desertificação física e humana e contribuindo dessa forma para a preservação de paisagem e património rural único que a actividade humana desenvolveu secularmente. Por outro lado, as pequenas explorações agrícolas de características predominantemente familiares em termos de mão-de-obra dispõem de uma medida específica de apoio ao investimento nos vários programas operacionais regionais do QCA III 2000-2006, tendo em vista nomeadamente a manutenção e o reforço do tecido económico e social das zonas rurais.

Zu den Agrarumweltmaßnahmen Portugals gehört auch die Unterstützung solcher, aus wirtschaftlicher Sicht kaum konkurrenzfähiger, aber vom Gesichtspunkt des Umweltschutzes aus nachhaltiger traditioneller Systeme zur Trocknung von Mais, da sie der Desertifikation und der Abwanderung entgegenwirken und so zur Erhaltung einer einzigartigen, jahrhundertealten Kulturlandschaft beitragen. Kleine landwirtschaftliche Betriebe, in denen überwiegend Familienarbeitskräfte tätig sind, werden überdies durch ein spezifisches Investitionsförderungsprogramm im Rahmen der regionalen operationellen Programme des GFK III 2000-2006 unterstützt, das insbesondere auf die Erhaltung und Stärkung des wirtschaftlichen und sozialen Gefüges in den ländlichen Gebieten abzielt.

One of the agri-environmental measures adopted by Portugal seeks to support this kind of traditional system for drying corn which has problems competing economically but which is sustainable from an environmental point of view. This combats the processes of desertification and depopulation and contributes, in this way, to the preservation of the landscape and unique rural heritage which human activity has created over the centuries. On the other hand, small agricultural holdings with mainly family labour, benefit from a specific investment support measure in the various regional operational programmes under the 2000–06 CSF III, with a view to preserving and strengthening the economic and social fabric of rural areas.

Une des mesures agroenvironnementales définies par le Portugal vise à soutenir ce type de système traditionnel pour faire sécher le maïs, difficilement compétitif sur le plan économique, mais durable du point de vue environnemental, qui contribue à combattre le processus de désertification physique et humaine et, partant, à préserver un paysage et un patrimoine rural uniques forgés au fil des siècles par l'activité humaine. D'autre part, les petites exploitations agricoles qui occupent essentiellement une main-d'œuvre familiale bénéficient d'une mesure spécifique d'aide à l'investissement dans le cadre des divers programmes opérationnels régionaux du CCA III 2000-2006, visant en particulier au maintien et au renforcement du tissu économique et social des zones rurales.

Suomi/Finland

Finnland ~ Finland ~ Finlande

Suomi/Finland ~ Finnland ~ Finland ~ Finlande

Epäsuotuisat luonnonolot
Suomen pohjoinen sijainti asettaa ehdot maatalouden harjoittamiselle. Pohjoisen sijainnin vuoksi kasvukausi on Suomessa lyhyt, satotasot ovat alhaisia ja peltoviljelyn laji- ja lajikemahdollisuudet ovat rajoitetut. Myös tuotanto- ja rakennuskustannukset ovat korkeat. Vahvuuksia ovat toisaalta elintarvikkeiden puhtaus, turvallisuus ja hyvä laatu. Luonnonhaittakorvauksella on Suomen oloissa erittäin keskeinen merkitys. Luonnonhaittakorvauksella pyritään varmistamaan ympäristön kannalta kestävän maatalouden jatkuminen pohjoisissa maatalouden harjoittamisen kannalta epäedullisissa luonnonoloissa.

Ungünstige natürliche Bedingungen
Durch die Lage Finnlands hoch im Norden wird die landwirtschaftliche Erzeugung eingschränkt. Die Vegetationszeit ist kurz, die Erträge sind niedrig, und es kann nur eine begrenzte Zahl von Arten und Sorten angebaut werden. Andererseits hat Finnland einige wichtige Pluspunkte wie z. B. die Reinheit, Sicherheit und hohe Qualität seiner Lebensmittel. Diese Stärken werden genutzt, um die Aufrechterhaltung einer ökologisch nachhaltigen Landwirtschaft im Norden mit ungünstigen natürlichen Bedingungen zu sichern.

Adverse natural conditions
Finland is located far up in the north, which restricts agricultural production. The growing season is short, yield levels are low, and only a limited range of species and varieties can be cultivated. Production and building costs are high. Finland nevertheless possesses certain important strengths, such as the purity, safety and high quality of Finnish foodstuffs. Compensatory allowances are highly significant. These are used to secure the continuation of environmentally sustainable farming in the north where the natural conditions are unfavourable.

Conditions naturelles défavorables
La situation ultraseptentrionale de la Finlande limite sa production agricole. La période de végétation est brève, les niveaux de rendement sont faibles et seul un nombre restreint d'espèces et de variétés peuvent être cultivées. Les coûts de production et de construction sont élevés. La Finlande possède néanmoins des atouts importants, tels que la pureté, la sécurité et la qualité supérieure des denrées alimentaires qu'elle produit. Compte tenu des conditions naturelles de ce pays, les indemnités compensatoires y revêtent un caractère vital. Elles servent à garantir le maintien d'une agriculture durable écologique dans le nord du pays où les conditions naturelles sont défavorables.

Suomi/Finland ~ Finnland ~ Finland ~ Finlande

Suojavyöhykkeet
Maatalouden ympäristötuella tuetaan suojavyöhykkeiden perustamista ja hoitoa. Suojavyöhykkeet vähentävät maa-aineksen ja ravinteiden kulkeutumista pelloilta vesistöihin ja pohjavesiin. Ne lisäävät luonnon monimuotoisuutta, luovat maanviljelysalueille ekologisia käytäviä sekä edistävät riista- ja kalataloutta. Suojavyöhykkeen avulla myös köyhdytetään maaperää ravinteista ja parannetaan maan rakennetta. Lisäksi suojavyöhykkeet elävöittävät maisemaa.

Uferrandstreifen
Im Rahmen der Agrarumweltmaßnahmen können Fördermittel für die Schaffung und das Management von Uferrandstreifen verwendet werden. Diese Zonen bewirken, dass weniger Erdreich und Nährstoffe von landwirtschaftlichen Flächen in Oberflächengewässer und in das Grundwasser gelangen, erhöhen die biologische Vielfalt, schaffen ökologische Korridore in Landwirtschaftsgebieten und begünstigen die Wildjagd sowie die Fischerei. Außerdem führen Uferrandstreifen zur Verminderung von Nährstoffen im Boden, verbessern die Bodenstruktur und machen die Landschaft vielgestaltiger.

Riparian zones
Agri-environmental support may be used for the establishment and management of riparian zones. These reduce the transport of soil and nutrients from arable land to surface waters and groundwater, increase biodiversity, create ecological corridors in farming areas and promote game hunting and fisheries. Riparian zones have improved soil structure and increase the variety of landscapes.

Zones ripicoles
Les aides agroenvironnementales peuvent servir à la création et à la gestion de zones ripicoles. Ces dernières présentent l'avantage de réduire le transport du sol et des éléments nutritifs des terres arables vers les eaux de surface et les nappes souterraines, de favoriser la biodiversité, de créer des couloirs écologiques dans les zones agricoles et d'encourager les activités de chasse et de pêche. Les zones ripicoles utilisent les éléments nutritifs du sol, dont elles améliorent la structure, et contribuent à la variété du paysage.

Suomi/Finland ~ Finnland ~ Finland ~ Finlande

Lumenvalkeaa posliinia poronluusta

Pohjoisimman Lapin Leader II -ryhmän rahoittama hanke loi alkusysäyksen Sodankylän kunnassa meneillään olevaan tuotekehitykseen, jossa tutkitaan luuposliinin valmistamista hyödyntämällä pohjoisilla alueilla jätteenä kertyvää poronluuta. Poronluusta ei ole aiemmin tehty posliinia vaan Suomessa valmistettavaan posliiniin on tuotu ulkomailta valmista naudan luumassaa. Tutkimus on ollut kansainvälinen, eri asiantuntijoista koostuva yhteistyöprojekti.

Lauri Snellmanin suunnittelemat Sodankylän tutkimuslaboratoriossa poronluuposliinista valmistetut esineet kuvastavat materiaalin valkoisuutta ja läpikuultavuutta. Poronluuposliini on valkoista ja herkkää kuin Lapin lumi ja siitä heijastuva valo.

Schneeweißes Knochenporzellan aus Rentierknochen

Im Rahmen dieses von der Leader-II-Gruppe im äußersten Norden Lapplands finanzierten Projekts wurde in Sodankylä mit der Produktentwicklung begonnen. Das Projekt betrifft die Herstellung von Knochenporzellan aus Rentierknochen, die im Norden in großen Mengen als Abfall vorhanden sind. Es ist dies das erste Mal, dass Porzellan aus Rentierknochen hergestellt wird und nicht, wie in Finnland bisher üblich, aus importierter Rinderknochenmasse. Es handelt sich um ein internationales gemeinsames Projekt, an dem Experten aus verschiedenen Bereichen teilnehmen.

Die Objekte aus Rentierknochenporzellan, die von Lauri Snellman im Forschungslabor von Sodankylä entworfen werden, sind weiß und durchscheinend wie das Material, aus dem sie gefertigt werden. Porzellan aus Rentierknochen ist weiß wie der Schnee Lapplands und weich wie das Licht, das von ihm zurückgestrahlt wird.

Snow-white bone china from reindeer bone

The project, financed by the Leader II group in northernmost Lapland, started product development work in Sodankylä concerning the manufacturing of bone china from reindeer bones which can be found in abundance in the north. This is the first time reindeer bone has been used to manufacture china, which in Finland had until now been made from imported bovine bone mass. The study is an international joint project involving experts from different fields.

The objects made from reindeer bone porcelain designed by Lauri Snellman in the research laboratory of Sodankylä reflect the material´s whiteness and translucence. Reindeer bone porcelain is as white and delicate as Lapland´s snow and as bright as the light that reflects from it.

Porcelaine blanche à base d'os de renne

Le projet financé par Leader II en Laponie du Nord a lancé à Sodankylä le développement et la fabrication de produits en porcelaine à base de déchets d'os de renne que l'on trouve en abondance dans le Nord. C'est la première fois que des os de renne sont utilisés pour fabriquer de la porcelaine; jusque-là, la Finlande importait des os de bovin. L'étude est un projet international réunissant des experts spécialisés dans différents domaines.

Les objets en porcelaine fabriqués à partir d'os de renne et dessinés par Lauri Snellman dans le laboratoire de recherche de Sodankylä mettent en valeur la blancheur et la transparence du matériau. La porcelaine en os de renne est aussi blanche, fragile et luminescente que la neige de Laponie.

Suomi/Finland ~ Finnland ~ Finland ~ Finlande

Suomi/Finland ~ Finnland ~ Finland ~ Finlande

Saamelaismuseo
Inarin Saamelaismuseo Siida oli tavoite 6 -ohjelman maaseutupaketin merkittävimpiä hankkeita. Saamelaismuseon ja Ylä-Lapin luontokeskuksen uudisrakennuksen suunnitteli Arkkitehtitoimisto Juhani Pallasmaa Ky. Museon nimi "Siida" on saamenkieltä, ja se tarkoittaa mm. elämänpiiriä. Museo yhdistää elämyksellisyyden ja tieteellisen sisällön avaamalla näkymän pohjoiseen luontoon ja poronhoitoon, joka on aina ollut oleellinen osa saamelaiskulttuuria. Kuvassa näkymä saamelaismuseon päänäyttelytilasta.

Sami-Museum
Das Sami-Museum „Siida" in Inari war eines der bemerkenswertesten Projekte, die im Rahmen der Maßnahmen für den ländlichen Raum des Ziel-6-Programms durchgeführt wurden. Das Gebäude für das Sami-Museum und das Naturzentrum Nordlappland wurde von Arkkitehtitoimisto Juhani Pallasmaa entworfen. Der Name des Museums, „Siida", kommt aus dem Samischen und bedeutet unter anderem Lebenssphäre. Das Museum verbindet emotionale Erfahrungen und wissenschaftliche Inhalte, indem es einen neuen Blick auf die nordische Natur und die Rentierhaltung eröffnet, die seit jeher ein wesentlicher Bestandteil der samischen Kultur ist. Das Bild zeigt den Hauptausstellungsraum des Museums.

Sami Museum
The Sami Museum Siida in Inari was one of the most significant projects implemented under the rural package of the Objective 6 programme. The building for the Sami Museum and Northern Lapland Nature Centre were designed by Arkkitehtitoimisto Juhani Pallasmaa. The name of the museum, Siida, is Lappish and it means, among other things, sphere of life. The museum combines emotional experience and scientific content by opening a new vision of northern nature and reindeer herding, which has always been an essential aspect of the Sami culture. The picture shows the main exhibition hall of the museum.

Musée des Samis
Le musée Siida consacré aux Samis, qui se trouve à Inari, était l'un des principaux projets mis en œuvre dans le cadre du volet rural du programme de l'objectif n° 6. L'édifice abritant le musée des Samis et le centre Nature de Laponie septentrionale a été conçu par Arkkitehtitoimisto Juhani Pallasmaa. Le nom du musée, Siida, a été emprunté à la langue lapone et signifie, entre autres choses, «sphère de vie». Le musée associe expérience émotionnelle et données scientifiques en proposant une nouvelle vision de la nature nordique et de l'élevage des rennes, qui a toujours constitué un aspect essentiel de la culture sami. La photographie représente le hall principal d'exposition du musée.

Enkelimatto
Tavoite 5b -ohjelman kautta rahoitettu Huopaprojekti-hanke mm. kehitti huopatuotteiden käsiteollista tuotantoa. Työpajan kansainväliset osallistujat huovuttivat yhdessä maton, jonka enkeliaihe saatiin Unescon maailmanperintökohteena toimivan Petäjäveden vanhan kirkon saarnastuolista. Matto lahjoitettiin Petäjäveden vanhaan kirkkoon vihkimatoksi tai käytettäväksi lastenkirkossa istuma-alustana.

Engelteppich
Das unter dem Ziel-5b-Programm finanzierte „Filz-Projekt" diente der Förderung von Kunsthandwerkbetrieben, die Produkte aus Filz herstellen. Die internationalen Teilnehmer des Workshops fertigten einen Filzteppich, dessen Design mit Engeldarstellungen von der Kanzel der alten Kirche in Petäjävesi stammt. Der Teppich wurde der Kirche gestiftet und soll für Trauungen und Kindergottesdienste verwendet werden.

Angel rug
The 'Felt' project funded through the Objective 5b programme was directed at developing handicraft industries producing felt products. The international participants in the workshop felted a rug whose angel design comes from the pulpit of the Petäjävesi Old Church. The rug was donated to the church to be used at weddings or children's church services.

Tapis à motif d'ange
Le projet «Feutre» financé au titre du programme de l'objectif n° 5 b) s'est attaché à développer l'artisanat du feutre. Les participants, de nationalités diverses, ont fabriqué un tapis en feutre à motif d'ange dont le dessin original orne la chaire de l'ancienne église de Petäjävesi. Le tapis a été offert à l'église pour les célébrations de mariage et les services religieux pour enfants.

Suomi/Finland ~ Finnland ~ Finland ~ Finlande

Sverige
Schweden ~ Sweden ~ Suède

Sverige ~ Schweden ~ Sweden ~ Suède

Landsbygdsturism

Under programperioden (1995–99) genomfördes mer än 40 olika EU-projekt med anknytning till fisketurism. Ett framgångsrikt projekt, "Det naturliga fisket", genomfördes i sydöstra Sverige. En av cirka 30 deltagare, Lars Wiström, började med kommersiell fisketurism som binäring till skogsbruket år 1999. Han tog emot sina första utländska gäster i maj 2000, då en grupp tjeckiska sportfiskare kom på besök (bilden). Sedan dess har utvecklingen gått mycket snabbt och under 2001 hade Lars Wiström och hans familj över 1 700 gästnätter.

Ländlicher Tourismus

Im Programmplanungszeitraum (1995-1999) wurden mehr als 40 verschiedene EU-Projekte im Zusammenhang mit dem Fischereitourismus durchgeführt. Ein erfolgreiches Projekt „Der Fisch in der Natur" wurde in Südostschweden durchgeführt. Einer der etwa 30 Teilnehmer, Lars Wiström, begann im Jahr 1999 mit dem kommerziellen Fischereitourismus als Nebenerwerbstätigkeit zum Forstbau. Im Mai 2000 empfing er die ersten ausländischen Gäste, eine Gruppe von tschechischen Sportfischern (Bild). Dieses Angebot hat sich rasch entwickelt: Im Jahr 2001 konnten Lars Wiström und seine Familie bereits mehr als 1 700 Übernachtungen verbuchen.

Rural tourism

During the 1995–99 programming period there were more than 40 EU projects related to fishery tourism. One successful project, 'The natural fishery', was conducted in south-eastern Sweden. Lars Wiström, one of the some 30 participants, started commercial fishery tourism in 1999 as a sideline to his forestry business. He welcomed his first foreign guests, a group of Czech anglers (picture), in May 2000. Since then business has taken off and in 2001 Lars and his family clocked up more than 1 700 guest-nights.

Tourisme rural

Au cours de la période de programmation 1995-1999, plus de 40 projets communautaires liés au tourisme de la pêche ont été mis en œuvre. Un projet intitulé «The natural fishery» a remporté un grand succès dans le sud-est de la Suède. Un participant parmi une trentaine d'autres, Lars Wiström, s'est lancé en 1999 dans le tourisme commercial de la pêche, afin de diversifier les activités de son exploitation forestière. Il a accueilli ses premiers hôtes étrangers en mai 2000, un groupe de pêcheurs amateurs tchèques (photo). Son affaire s'est développée très rapidement et, en 2001, Lars Wiström et sa famille enregistraient plus de 1 700 nuitées.

134   Sverige ~ Schweden ~ Sweden ~ Suède

Mindre gynnade områden
Även i områden med sämre produktionsförutsättningar (mindre gynnade områden) är jordbruket av stor betydelse för utvecklingen av landsbygden och för den biologiska mångfalden genom att det öppna odlingslandskapet bevaras. I det glest befolkade norra Sverige utgör åkerarealen knappt 2 % av den totala landarealen. Mindre gynnade områden ges stöd via det svenska miljö- och landsbygdsprogrammet

Benachteiligte Gebiete
Auch in Gebieten mit weniger günstigen Erzeugungsbedingungen (benachteiligte Gebiete) hat die Landwirtschaft große Bedeutung für den ländlichen Raum und die biologische Vielfalt, weil hierdurch die Kulturlandschaft erhalten wird. In Nordschweden, dem am dünnsten besiedelten Landesteil, machen Ackerflächen etwa 2 % der Gesamtfläche aus. Benachteiligte Gebiete werden im Rahmen des schwedischen Programms zur Förderung des Umweltschutzes und des ländlichen Raums unterstützt.

Less-favoured areas
In less-favoured areas too, agriculture is very important for rural development and for biodiversity through the preservation of open farmed countryside. In sparsely inhabited northern Sweden, farmland constitutes barely 2 % of the total land area. Less-favoured areas receive support from the Swedish rural development programme.

Zones défavorisées
Même dans les zones ayant un faible potentiel de production (zones défavorisées), l'agriculture joue un rôle très important pour le développement rural et pour la diversité biologique par le maintien de terres cultivées. Dans le nord peu peuplé de la Suède, les superficies agricoles représentent à peine 2 % de l'ensemble des terres. Les zones défavorisées bénéficient d'aides dans le cadre du programme suédois en faveur de l'environnement et de l'agriculture.

Sverige ~ Schweden ~ Sweden ~ Suède

Natur- och kulturmiljöer
Spår efter äldre tiders brukningsmetoder berättar mycket om vår historia och utgör därför viktiga inslag i jordbrukslandskapet. Stenmurar, gärdesgårdar och andra landskapselement utgör också värdefulla livsmiljöer för växter och djur. Bilden är från Småland.

Natur- und Kulturlandschaften
Die Zeugnisse der Landwirtschaft aus früherer Zeit erzählen uns viel über unsere Geschichte und sind deshalb ein wichtiger Bestandteil der Kulturlandschaft. Steinmauern, Holzzäune und andere landschaftliche Merkmale sind auch wichtige Lebensräume für Tiere und Pflanzen. Das Bild zeigt eine Landschaft in Småland.

The natural and cultural heritage
Traces of old farming methods provide a lot of historical information and are thus important features of the farmed landscape. Stone walls, fences and other elements also provide valuable habitats for flora and fauna. The picture is from Småland.

Patrimoine naturel et culturel
Les vestiges d'anciens modes d'exploitation sont de précieuses sources d'information sur notre histoire et tiennent donc une place importante dans le paysage agricole. Les murs de pierres, les clôtures et d'autres éléments du paysage constituent également des milieux de vie favorables pour les espèces végétales et animales. La photographie a été prise dans le Småland.

Areby timber (husknut)
Skogen har alltid varit en betydande del av det svenska jordbruket. Det är därför naturligt att ta tillvara denna resurs. I detta landsbygdsutvecklingsprojekt inom ramen för miljö- och landsbygdsutvecklingsprogrammet har man kombinerat modern ingenjörskonst med traditionellt träbearbetning. Sju lantbrukare har fått stöd för kompetensutveckling i hantering av timmer. De åttkantiga byggnadskonstruktionerna har enastående hög hållfasthet och lämpar sig för både den nationella och den internationella marknaden.

Areby timber (Hausecke)
Der Wald hat stets einen bedeutenden Teil der schwedischen Landwirtschaft ausgemacht. Es ist daher nur natürlich, diese Ressource auch zu erhalten. In diesem ländlichen Entwicklungsprojekt im Rahmen des schwedischen Programms zur Entwicklung des ländlichen Raums wurde modernes Design mit traditioneller Holzverarbeitung kombiniert. Sieben Landwirte wurden bei einer Ausbildung in Holzverarbeitung finanziell unterstützt. Die achteckigen Gebäude zeichnen sich durch eine außergewöhnlich hohe Stabilität aus und eignen sich sowohl für den nationalen als auch für den internationalen Markt.

Areby timber (house corner)
The forest has always been an important part of Swedish agriculture. It is therefore natural to make use of this resource. In this rural development project, within the framework of the Swedish rural development programme, modern engineering is combined with traditional wood processing. Seven farmers have received support for training in the handling of timber. The eight-cornered building constructions have unique strength and are competitive on both the national and the international market.

Areby timber (coin de maison)
L'activité forestière a toujours constitué une partie significative de l'agriculture suédoise, de sorte qu'il est naturel de veiller à la préservation de la forêt. Dans le présent projet de développement rural, adopté dans le cadre du programme suédois de développement de l'environnement et du monde rural, l'ingénierie moderne est combinée avec les méthodes traditionnelles de transformation du bois. Sept agriculteurs ont reçu des aides pour le développement de compétences dans le traitement du bois de construction. Les constructions octogonales bénéficient d'une résistance unique et sont adaptées tant au marché national qu'au marché international.

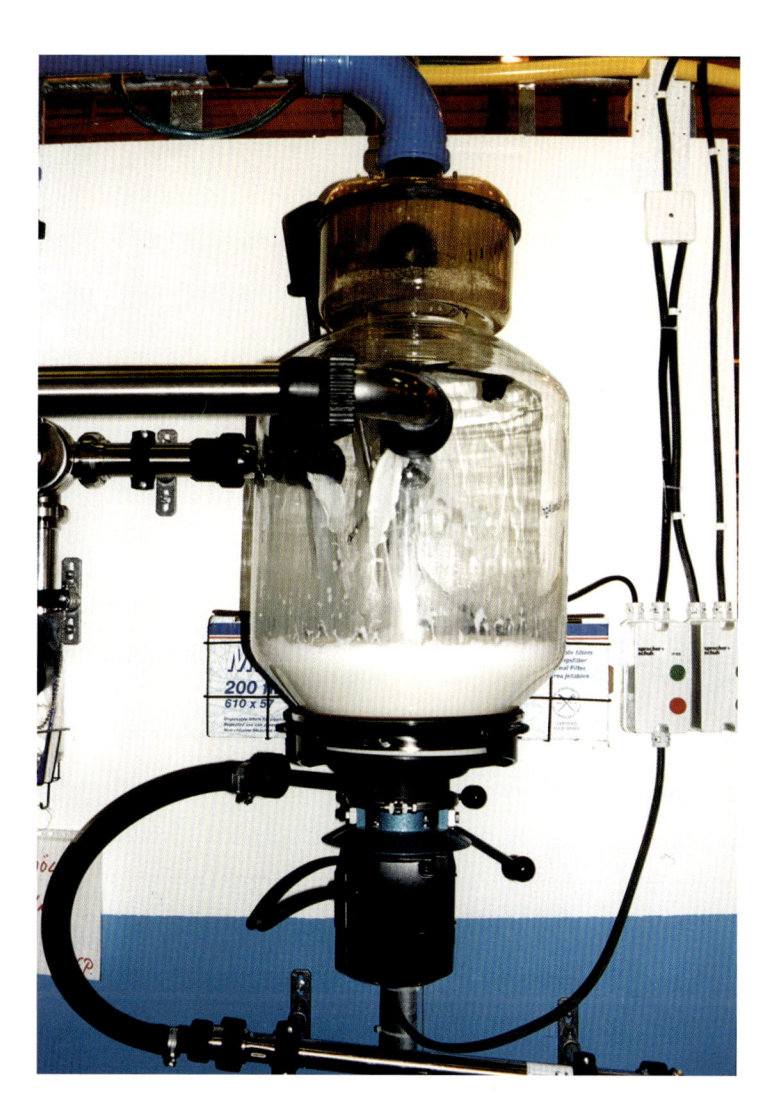

Investeringsstöd (mjölkmaskin/pump)

Inom mjölksektorn är fasta anläggningar stödberättigade. Eftersom djurskydd har hög prioritet i Sverige används en stor del av investeringsstödet till att förbättra djurens miljö utöver minimikraven. Även förbättrad arbetsmiljö är stödberättigat vilket kan öka lantbrukets attraktionskraft. På gårdsnivå bidrar småskalig förädling till utveckling av landsbygden för både boende och besökare.

Investitionshilfen (Melkmaschinen/Pumpen)

Im Milchsektor sind ortsfeste Anlagen förderfähig. Weil der Tierschutz in Schweden einen hohen Stellenwert hat, wird ein Großteil der Investitionshilfe aufgewendet, um die Haltungsbedingungen der Tiere über die Mindestvorschriften hinaus zu verbessern. Auch die Verbesserung der Arbeitsbedingungen kommt für eine Förderung in Frage, weil sie die Attraktivität der Landwirtschaft erhöht. In den landwirtschaftlichen Betrieben leisten schon kleine Verbesserungen einen Beitrag zur Entwicklung des ländlichen Raums, sowohl für die dort lebenden Menschen als auch für die Besucher.

Investment aid (milker/pump)

In the milk sector, fixed assets are eligible for support. Since animal welfare has a high priority in Sweden, a major part of the investment aid is devoted to improving animals' habitats beyond the minimum standards. Improved working conditions are also eligible for support; this can increase the attraction of farm-working. Small-scale processing on farms contributes to rural development to the benefit of both inhabitants and visitors.

Aide aux investissements (machine/pompe à lait)

Dans le secteur laitier, les installations fixes peuvent bénéficier d'aides. Étant donné que la protection animale est une priorité en Suède, une grande partie de l'aide aux investissements est utilisée pour améliorer le cadre de vie des animaux au-delà des exigences minimales. L'amélioration des conditions de travail donne lieu également à l'octroi d'aides, ce qui peut rendre l'agriculture plus attrayante. Au niveau de l'exploitation, la transformation artisanale contribue au développement des zones rurales pour les habitants comme pour les visiteurs.

United Kingdom
Vereinigtes Königreich ~ Royaume-Uni

142 *United Kingdom ~ Vereinigtes Königreich ~ Royaume-Uni*

One of the principal aims of the all-Wales agri-environment scheme (Tir Gofal) is to protect characteristic rural landscapes. Tir Gofal, part-funded under the rural development regulation, combines the best elements of previous agri-environment measures and is open to all farmers in Wales.

Die Erhaltung charakteristischer Kulturlandschaften zählt zu den Hauptzielsetzungen des Agrarumweltprogramms für Wales (Tir Gofal). Das Programm, das im Rahmen der EG-Verordnung zur Entwicklung des ländlichen Raums gefördert wird, kombiniert die bewährtesten Elemente aus früheren Agrarumweltmaßnahmen und steht allen Landwirten in Wales offen.

L'un des principaux objectifs du programme agroenvironnemental pour l'ensemble du pays de Galles, Tir Gofal, est de protéger les paysages ruraux caractéristiques. Partiellement financé au titre du règlement relatif au développement rural, Tir Gofal combine les meilleurs éléments des mesures agroenvironnementales antérieures et est ouvert à tous les agriculteurs du pays de Galles.

The protection of rare plants, such as this common-spotted orchid found on Skipworth Common, North Yorkshire, is a major feature of the agri-environment schemes operated across the United Kingdom under Article 22 of the rural development regulation.

Der Schutz seltener Pflanzen wie dieses Knabenkrauts in Skipworth Common (North Yorkshire) ist ein wichtiger Teil der Agrarumweltmaßnahmen im Vereinigten Königreich nach Artikel 22 der Verordnung zur Entwicklung des ländlichen Raums.

La protection des plantes rares, telles que cette orchidée commune que l'on trouve à Skipworth Common, dans le North Yorkshire, est un volet essentiel des programmes agroenvironnementaux mis en œuvre au Royaume-Uni en vertu de l'article 22 du règlement relatif au développement rural.

Objective 5b funding enabled the conversion of a redundant barn at Over Farm, Over, Gloucestershire into a popular and successful local farm shop. Diversification of farm enterprises to provide alternative income sources is a key feature of the UK Government's long-term strategy for agriculture and is supported under the rural development regulation.

Dank der Förderung unter Ziel 5b konnte eine verlassene Scheuer in Over (Gloucestershire) in einen beliebten und erfolgreichen Bauernladen umgewandelt werden. Die Diversifizierung von Landwirtschaftsbetrieben ist ein entscheidender Aspekt der längerfristigen Strategie der britischen Regierung im Agrarbereich und wird durch die EG-Verordnung zur Entwicklung des ländlichen Raums unterstützt.

Le financement prévu dans le cadre de l'objectif n° 5 b) a permis la conversion d'une grange excédentaire à Over Farm, Over, Gloucestershire, en une boutique populaire locale. La diversification des exploitations agricoles destinée à fournir des sources de revenus de remplacement constitue un élément clé de la stratégie à long terme du gouvernement du Royaume-Uni en faveur de l'agriculture et est soutenue au titre du règlement relatif au développement rural.

United Kingdom ~ Vereinigtes Königreich ~ Royaume-Uni

United Kingdom ~ Vereinigtes Königreich ~ Royaume-Uni

An Objective 5b grant enabled this historic barn in Orton, Cumbria to be renovated and equipped. It now houses a successful local, wholesale and mail order supplier of traditional home-cured meats, generating vital local employment. Similar projects are now funded under Articles 25–28 of the rural development regulation.

Diese historische Scheuer in Orton (Cumbria) konnte durch einen Zuschuss im Rahmen von Ziel 5b der Strukturfonds restauriert und neu eingerichtet werden. Sie beherbergt jetzt einen erfolgreichen Großhandels- und Versandbetrieb für traditionell hergestelltes Pökelfleisch, der bedeutende Beschäftigungsmöglichkeiten in der Region bietet. Andere Projekte dieser Art werden jetzt im Rahmen von Artikel 25-28 der EG-Verordnung zur Entwicklung des ländlichen Raums gefördert.

Une subvention au titre de l'objectif n° 5 b) a permis la rénovation et l'équipement de cette grange historique à Orton, Cumbria. Elle abrite un grossiste et fournisseur par correspondance local de viandes traitées selon une méthode traditionnelle, générant ainsi un emploi local qui est vital. Des projets semblables sont financés au titre des articles 25 à 28 du règlement relatif au développement rural.

United Kingdom ~ Vereinigtes Königreich ~ Royaume-Uni

148　*United Kingdom ~ Vereinigtes Königreich ~ Royaume-Uni*

Short-rotation coppice will be used to power wood-fuelled electricity generating plants being developed in England. Growing of energy crops is being encouraged under the England rural development programme to contribute to government targets for renewable energy generation and to provide a new commercial opportunity for farmers.

Die Entwicklung der Niederwaldwirtschaft in England dient der künftigen Versorgung holzbefeuerter Kraftwerke. Im Rahmen des englischen Programms zur ländlichen Entwicklung wird der Anbau von Energiepflanzen als Beitrag zu den Regierungszielen für regenerierbare Energiequellen und als Erwerbsalternative für Landwirte gefördert.

Le système des futaies à rotation rapide servira à alimenter les stations productrices d'électricité alimentées au bois qui sont développées en Angleterre. Les cultures énergétiques sont encouragées par le programme anglais de développement rural afin de contribuer aux objectifs gouvernementaux de production d'énergie renouvelable et de donner une nouvelle possibilité commerciale aux agriculteurs.

United Kingdom ~ Vereinigtes Königreich ~ Royaume-Uni

This archaeological site on the island of Coll in the Inner Hebrides of Scotland is being managed under the Argyll Islands environmentally sensitive areas scheme. It is one of many thousands of historic buildings and features protected under agri-environment schemes in the United Kingdom.

Diese archäologische Stätte auf der schottischen Insel Coll (Innere Hebriden) wird durch das Programm für besonders schützenswerte Gebiete der Argyll-Inseln geschützt und gepflegt – wie viele tausend andere historische Gebäude und Stätten im Rahmen der Agrarumweltmaßnahmen im Vereinigten Königreich.

Ce site archéologique sur l'île de Coll dans les Inner Hebrides, en Écosse, est géré dans le cadre du programme des zones sensibles du point de vue de l'environnement des îles Argyll. Il s'agit de l'un des milliers de bâtiments et éléments historiques protégés au titre des programmes agroenvironnementaux au Royaume-Uni.

152   *United Kingdom ~ Vereinigtes Königreich ~ Royaume-Uni*

This walkway within the glacial valley of Glenariff, County Antrim, was funded under the special support programme for peace and reconciliation in Northern Ireland. Grants for similar projects to aid local tourism are funded in England and Wales under Article 33 of the rural development regulation.

Dieser Wandersteg im Gletschertal von Glenariff (County Antrim) wurde durch das Sonderprogramm für Frieden und Versöhnung in Nordirland finanziert. Ähnliche Projekte zur Förderung des Tourismus in England und Wales werden nach Artikel 33 der Verordnung zur Entwicklung des ländlichen Raums bezuschusst.

Ce sentier dans la vallée glaciaire de Glenariff, comté d'Antrim, a été financé au titre du programme spécial de soutien en faveur de la paix et de la réconciliation en Irlande du Nord. Des subventions en faveur de projets semblables visant à aider le tourisme local sont financées en Angleterre et au pays de Galles au titre de l'article 33 du règlement relatif au développement rural.

Planting of new woodland and management of existing woodland is a key feature of rural development programmes in Great Britain. Afforestation of agricultural land provides opportunities for diversification as well as important habitats for native wildlife.

Wesentlicher Bestandteil der Programme zur ländlichen Entwicklung in Großbritannien sind die Aufforstung von Agrarland und die Pflege vorhandener Waldbestände. Sie bieten Diversifizierungsmöglichkeiten für Landwirtschaftsbetriebe und wichtige Lebensräume für die einheimische Tier- und Pflanzenwelt.

La plantation d'une nouvelle zone boisée et la gestion des superficies boisées existantes constituent un volet majeur des programmes de développement rural en Grande-Bretagne. Le boisement de terres agricoles offre des possibilités de diversification ainsi que des habitats importants pour la faune locale.

United Kingdom ~ Vereinigtes Königreich ~ Royaume-Uni

Europäische Kommission
European Commission
Commission européenne

Ein Panorama ländlicher Entwicklung
Ein Blick auf die Programme der ländlichen Entwicklung der Europäischen Union

A panorama of rural development
A look at the European Union's rural development programmes

Un panorama du développement rural
Un regard sur les programmes de développement rural de l'Union européenne

Published by: Eugène Leguen de Lacroix, EC Directorate-General for Agriculture.
Project coordinator: Audrey Mac Cready

Luxembourg: Office des publications officielles des Communautés européennes

2002 — 156 S. — 29,7 x 21 cm

2002 — 156 pp. — 29.7 x 21 cm

2002 — 156 p. — 29,7 x 21 cm

ISBN 92-894-3184-9

Preis in Luxemburg (ohne MwSt.) • Price (excluding VAT) in Luxembourg • Prix au Luxembourg (TVA exclue): 38.50 EUR

letw